Nikita Afanasjew • König, Krim & Kasatschok

Nikita Afanasjew

# KÖNIG, KRIM & KASATSCHOK

Auf der Suche nach dem Russland meines Vaters

btb

# Inhalt

1. Auf dem Sofa im Ruhrgebiet .................. 7
2. Agenten, Sonne, Tod: Krim ................... 13
3. Meine Anfänge im Westen .................... 32
4. Alle Wege führen nach Moskau ................ 41
5. Der Westen: Die Fortsetzung ................. 58
6. Auferstanden aus Ruinen .................... 74
7. Von Äpfeln und Birken: Im Zug, zum Ersten ..... 82
8. Hallo, Mr. Stalin .......................... 86
9. Peruaner in Kasan ......................... 94
10. Mein wilder Osten ......................... 97
11. Ein netter Küchenchef: Im Zug, zum Zweiten ..... 117
12. Deutsche in der Sowjetunion ................. 123
13. Mein Tscheljabinsk ........................ 136
14. Die Geister von Arkaim ..................... 148
15. Aljoschas langer Weg ...................... 152
16. Wenn ich geblieben wäre ................... 171
17. Baukran-Ballett ........................... 178
18. An den inneren Rändern Russlands ............ 189
19. New Age in Sibirien ........................ 207
20. Im Angesicht der Unendlichkeit .............. 212
21. Ein Spion auf Abwegen: Im Zug, zum Dritten .... 218

22. Für immer und er .......................... 225
23. Der Weltraum hat heute geschlossen ............ 229
24. Russische Freiheit .......................... 237
25. Zurück auf dem Sofa ........................ 246

## 1. Auf dem Sofa im Ruhrgebiet

Was später eine lange Reise in den Osten werden sollte, von der Krim über Moskau in meine Heimatstadt Tscheljabinsk, durch Sibirien und bis an den Pazifik, begann auf einem Sofa im Ruhrgebiet. Dort leben meine Eltern: Margherita und Sergej.

Der Fernseher läuft. Der russische Nachrichtensender »Rossija 24« sendet Bilder aus dem ostukrainischen Krisengebiet Donbass. Da ist ein bewaffneter Glatzkopf. Er schreit einen russischen Gefangenen an, schlägt ihm die Mütze vom Kopf. Irgendwelche Nazis, die den Hitler-Gruß zeigen. Einfache Menschen, die berichten, dass der Beschuss ihrer Wohngebiete durch Kiews Regierungstruppen seit Tagen nicht aufhöre. Das Wasser werde knapp.

Dann kommt Werbung. Und nach der Werbung das Gleiche wie vor der Werbung. Die Krise als Dauerschleife, unterbrochen nur von schnellen Schnitten und mit bebender Stimme vorgetragenen Appellen: »Die neuesten Entwicklungen gleich bei uns! Bleiben Sie dran!«

Mein Vater schüttelt missmutig seinen Kopf. »Da sieht Europa mal, was für nette Neuzugänge aus der Ukraine kommen.«

Ich hatte mir vorgenommen, diese Diskussion nicht mehr zu führen, aber ... »Papa, du weißt doch, dass die absichtlich nur die Idioten zeigen.«

»Ich weiß«, sagt mein Vater, »dass die Russen in der Ukraine einfach Russen sein wollen und dafür umgebracht werden. Als Allererstes haben die nach ihrer Revolution ein Gesetz verabschieden wollen, das die russische Sprache herabstuft, damit...«

»Aber das Gesetz wurde nicht verabschiedet«, unterbreche ich ihn.

Meine Mutter kommt aus der Küche, bleibt an der Türschwelle stehen und sagt: »Die haben zuletzt in einer Reportage junge Ukrainer gezeigt, die gesagt haben, dass sie nur nach Europa wollen, um Sozialhilfe zu kassieren.«

»Mama, nur weil ein paar Typen...«

»Oh, es brennt an!«, ruft meine Mutter, schon mit dem Rücken zu mir, unterwegs in die Küche.

Mein Vater rutscht auf dem Sofa etwas nach vorne und schaut aus dem Fenster. Auch er kann die Dauerkrisenschleife manchmal nicht mehr sehen, denke ich. »Natürlich ist das ein Informationskrieg. Die russischen Sender versuchen, ihre Sicht zu zeigen. Aber im Westen läuft das nicht anders.« Dann schaut er ernst zu mir. »Du bist voll von westlicher Propaganda.«

Ich drehe mich zu meinem Vater, will gerade ansetzen...

»Schluss jetzt!«, sagt meine Mutter, die plötzlich wieder im Zimmer steht. »Bitte, nicht schon wieder! Nicht diese Debatte, bitte, bitte. Der Borscht ist sowieso fertig. Setzt euch an den Tisch.«

So wie an diesem Tag lief es meistens, wenn ich meine Eltern besuchte, seit der neue Ost-West-Konflikt begonnen hatte. Manchmal stritten mein Vater und ich stundenlang, bis ich uns selbst in einer Rossija-24-Dauerschleife glaubte, unterbrochen nicht von Werbung, sondern von den Bitten meiner Mutter, endlich die Sendung einzustellen. Wir kriegten uns meistens irgendwie wieder ein, ohne je etwas zu lösen. Viele Familien aus der ehemaligen Sowjetunion sind an dem neuen Kalten Krieg kaputtgegangen. Lautes Propaganda-Geschrei führt manchmal zu vollständiger Stille. Das wollte ich unbedingt vermeiden.

Ich bin 1982 in Tscheljabinsk geboren, einer Industriestadt mit etwa 1,2 Millionen Einwohnern. Sie liegt anderthalb Tage Zugfahrt östlich von Moskau, an der Grenze zwischen Europa und Asien. Die vielen Industrierohre und authentisch rauen Menschen machen Tscheljabinsk zu einer Art russischem Ruhrgebiet. Von daher war es irgendwie konsequent, dass die ganze Familie Afanasjew 1993 dorthin zog. Dorthin, ins Ruhrgebiet, aber irgendwie auch dorthin: auf die Couch. Denn meinem Vater ist es nicht gut ergangen in Deutschland. Er hat sich nicht integriert.

»Ich wohne hier nicht. Ich halte mich hier auf«, hat er mir einmal gesagt. Da waren wir schon über zwanzig Jahre da.

Mein Vater war einmal regimekritisch gewesen, ein halber Dissident, der in seinem Job Panzer entwickelte und in seiner Freizeit verbotene Bücher las, der noch zu Sowjetzeiten der Rüstungsindustrie den Rücken kehrte, um die im Land so viel dringender benötigten medizinischen Geräte zu entwickeln. Erst in den vergangenen Jahren hat er sich die neue

Härte der russischen Außenpolitik voll auf die Fahne geschrieben.

Ich selbst wurde Journalist und ging nach Berlin. Auch dort verbrachte ich viel Zeit mit Diskussionen über den neuen alten Konflikt Ost gegen West – nur unter umgekehrten Vorzeichen. In den Debatten mit vielen deutschen Freunden und befreundeten Journalisten verteidige ich oft Russland, weil mir das westliche Dominanzstreben als zu ausgeprägt erscheint, die russische Position als zu wenig verstanden. Irgendwann war ich an dem Punkt angelangt, wo ich gegen Russland und gegen den Westen war und sowieso in jeder Diskussion auf der anderen Seite.

Es gibt Russland mehrfach, einmal das Russland meiner Wahrnehmung und der meines Vaters – wobei das Russland meines Vaters natürlich auch aus vielen Schichten besteht. Da ist zunächst seine Erinnerung an die früher oft verfluchte und nun ebenso oft glorifizierte sowjetische Vergangenheit. Dann ist da das ambivalente Russland, wie er es bei seinen regelmäßigen Besuchen selbst erlebt – und dieses Land aus dem Staatsfernsehen, das sich heldenhaft gegen moralisch völlig verkommene westliche Aggressoren zur Wehr setzt.

Die Besuche meines Vaters in Russland aber hatten in den vergangenen Jahren eine traurige Note, was nicht an der großen Weltpolitik lag.

Mein Cousin Alexej, genannt Aljoscha, versteckte sich zweieinhalb Jahre vor der Polizei. Dabei ist Aljoscha selbst Polizist. Er und seine Mutter – die Schwester meines Vaters – sind die engsten Verwandten, die wir noch in Russland haben. Bei seiner Schwester wohnt mein Vater auch, wenn er in Tscheljabinsk ist.

Aljoscha hatte gegen Autodiebe ermittelt, die von korrupten Polizisten und Geheimdienstlern gedeckt wurden. Statt der Diebe wanderten ehrliche Polizisten ins Gefängnis. Aljoscha aber tauchte unter. Der Fall wurde in Russland groß verhandelt, sogar in der Administration von Präsident Wladimir Putin sprachen die Unterstützer der Polizisten vor. Ein Polizeichef ist gegangen worden, ein russischer Ministerpräsident wurde durch den Vorfall geschwächt. Mein Cousin Aljoscha war bei all diesen Vorfällen mittendrin.

Mein Vater hatte Aljoscha in dieser Zeit unter höchst konspirativen Umständen einmal getroffen – und mich danach damit überrascht, nicht einmal in einer solchen Situation an Russland zu verzweifeln.

Es gibt aber nicht nur Aljoscha, sondern weitere Verwandte, die ich kaum kannte. Es gibt Freunde meines Vaters. Es gibt dieses Russland, ein ganzes Universum, über das ich ständig diskutierte, ohne es einmal wirklich gesehen zu haben. Ich war zwar auch nach meinem Wegzug dort, aber zumeist ging es nach Moskau und selten tief ins Gewebe.

Es gibt da dieses riesige Land, in dem ich geboren wurde und aus dem meine Eltern mich wegbrachten, was ich als Zehnjähriger natürlich nicht wollte. Später war ich glücklich darüber, in Deutschland zu leben, dafür begannen meine Eltern zu bereuen, mit mir fortgegangen zu sein. Es ist dieses Land, in dem sich scheinbar alles irgendwann in sein Gegenteil verkehrt, in dem Zukunftsutopien vergehen, ohne je Gegenwart zu werden, in dem so viel in Beton gegossen wird, aber nie etwas gewiss zu sein scheint, noch nicht einmal das Vergangene.

Es ist das Land, welches meine Eltern und ich vor mehr als zwanzig Jahren hinter uns gelassen hatten, das mich aber nie ganz losgelassen hat. Im Sommer 2016 beschloss ich, Russland zu erkunden.

## 2. Agenten, Sonne, Tod: Krim

Ich war drei Mal auf der Krim, und jedes Mal gehörte sie zu einem anderen Staat.

Das erste Mal war 1988, ich war noch nicht ganz sechs und die Sowjetunion noch nicht ganz untergegangen. Ich bin mir nicht sicher, ob ich eigene Erinnerungen an diesen Sommer habe oder ob meine Eltern mit ihren Geschichten und Fotos das für mich übernommen haben. Russische Eltern pflegen ihren Kindern alles abzunehmen, vom angeknabberten Apfelstrunk bis zur Berufswahl. Warum also nicht auch ihre Erinnerungen?

Auf den Fotos bestehe ich nur aus Haut und Knochen. Ich sah früher so aus, obwohl meine Eltern mich, wie es sich so gehörte, fortwährend fütterten. Irgendwie wirke ich auch gebräunt, was auf etwas verblichenen Schwarz-Weiß-Aufnahmen aber nicht so leicht auszumachen ist. Meine Mutter erzählte mir später, dass sie keine Essensmarken für Butter und Käse hatte und dass einmal die ganze Nachbarschaft trauerte, weil eine Frau den Sarg mit ihrem Sohn empfangen musste, der in Afghanistan gefallen war. Meine Mutter sagt, es war trotzdem eine gute Zeit.

Das zweite Mal war ich im Sommer 2013 auf der Krim. Ich

reiste mit eigenem Auto aus Berlin an, zahlte nur fünf Minuten hinter der polnisch-ukrainischen Grenze Schmiergeld an zwei gut gelaunte ukrainische Polizisten und fuhr später in ein so großzügig bemessenes Schlagloch, dass die Gurte in meinem westlich-dekadenten Fiat Brava wie bei einem Unfall blockierten.

Ein halbes Jahr später sollte die zweite Maidan-Revolution die Ukraine erschüttern, aber davon war noch nichts zu spüren. Statt einer sich andeutenden Zeitenwende schien die Zeit auf der Krim stillzustehen. Der Sommer war sehr heiß, die Hügel grün, die Strände voll, abseits der größeren Orte ragten Betonskelette nicht fertig gebauter Hotels aus dem Boden.

In der günstigsten Herberge von Jalta gab mir die Rezeptionistin ein Anmeldeformular in die Hand, das neben den üblichen Angaben nach dem Namen des zuständigen KGB-Abschnittsleiters fragte, der meine Dienstreise genehmigt hatte. »Diese Zeile lasse ich mal aus«, sagte ich.

Sie lachte. »Die Zettel wurden länger nicht aktualisiert.«

Die Krim blieb in meiner diesmal definitiv eigenen Erinnerung ein sympathisch unaufgeregtes Idyll in slawischer Südsee.

Nach dem Umsturz in Kiew regten sich dagegen alle wegen oder um die Krim auf, die Krim-Krise beherrschte lange die Schlagzeilen. Am Ende verleibte sich Russland die Halbinsel ein, und nichts war mehr wie zuvor zwischen Ost und West. Anders ausgedrückt, wurde es zwischen Ost und West wieder in etwa so, wie es noch zu Zeiten meines ersten Besuchs gewesen war. Die Geschichte hatte sich scheinbar im Kreis gedreht. Doch sicher war die aktuelle Situation nicht einfach eine Kopie vergangener Tage, sondern ... ich wusste eben nicht genau, wie die aktuelle Situation war. Deshalb wollte ich ja hin: um zu verstehen. Um zu sehen, ob die Krim nun ein »Militärstützpunkt mit angeschlossener Badeanstalt« geworden war, wie es in ukrainischen Medien oft hieß, oder ob dort jene patriotische Euphorie herrschte, diese Aufbruchstimmung, von der das russische Staatsfernsehen immer sprach. Und ob die Menschen dort ihr Glück fühlten, endlich (wieder) Russen sein zu dürfen, wie mein Vater überzeugt war.

Während das Flugzeug aus einem wolkenlosen Himmel zur Landung in der Inselhauptstadt Simferopol ansetzte, versuchte ich, mir nochmals klarzumachen, weshalb ich überhaupt unterwegs war.

Die Krim sollte die erste Station meines russischen Sommers werden. Ich wollte das größte Land der Erde vom Westen bis an die Pazifikküste durchreisen. Ich wollte das Russland meines Vaters entdecken. Ich wollte verstehen, was aus dem Land geworden ist, das einmal meine Heimat war.

Ich wollte nicht nur Russland, sondern den gesamten Ost-West-Konflikt für mich neu vermessen. Etwas vermessen waren vielleicht auch so viele Ziele für einen Sommer, aber eines wusste ich über dieses riesige Fragezeichen von einem Land: auf leiser Sohle ist Russland nicht beizukommen.

Lautes Klatschen riss mich aus meinen Überlegungen, aus Gedanken über die Vergangenheit in die Gegenwart. Ja, Russen klatschen, wenn ein Flugzeug sicher landet. Nicht nur in Urlaubsorten, wie Deutsche auf Mallorca, sondern überall, als wäre das russische Leben Ferien für immer.

So gelange ich im Sommer 2016 zum dritten Mal in meinem Leben auf die Krim – und zum ersten Mal beginnt alles mit Applaus.

In Simferopol treffe ich die ukrainische Journalistin Nina, die ich von einem Reporterseminar kenne. Sie heißt eigentlich anders, aber ihr echter Name tut hier nichts zur Sache. Sie stammt von der Krim, ist aber nach Kiew gezogen und hat sich zur Revolution auf dem Maidan bekannt. Nina ist noch keine dreißig – sie hat alle ihre Freunde und ihre Familie aufgeben müssen, in dieser Zeit, als sich alle entschieden haben: dafür oder dagegen. Als es keinen Platz für Zwischentöne gab. Als ihr Vater sich eine riesige russische Flagge ins Wohnzimmer hängte, während sie umgeben vom Gelb und Blau der Ukraine auf dem Maidan ausharrte.

Als ich beschloss, meine Reise auf der Krim zu beginnen, kam mir sofort Nina in den Sinn, und ich war froh, als sie spontan zusagte, zum ersten Mal seit vielen Monaten von Kiew aus auf die Krim zu kommen.

In gewisser Weise hat Nina mit ihrem Vater den gleichen Konflikt auszutragen wie ich mit meinem. Diffuse europäische Werte der jüngeren Generation treffen auf erstarrte Ideen ihrer Eltern, die in die Gegenrichtung beschleunigen: nach vorne in die Vergangenheit. Doch natürlich war die Geschichte von Nina eine ukrainische – und meine eine russische. Schließlich hatte sie mit der Krim ihre Heimat an mein Heimatland verloren.

Wie verworren alles ist, daran muss ich denken, während Nina neben mir durch Simferopol läuft. Wir bleiben neben einem Lastwagen stehen, bei dem am Seitenspiegel neben der weiß-blau-roten russischen Trikolore auch noch das schwarz-orange Sankt-Georgs-Band hängt, Symbol der russischen Armee, Erkennungszeichen der Patrioten. Nina schaut dorthin, wendet dann den Kopf ab und sagt: »Es ist komisch, hier zu sein. Das ist meine Heimatstadt, sie sieht auch noch so aus, aber ... sie ist es nicht mehr.«

Wir gehen dann ins Hotel, wo wir unsere Zimmer beziehen wollen. Auch Nina will lieber im Hotel bleiben, um »nicht gleich von meinem alten Leben eingeatmet zu werden«. Es ist die größte Herberge der Stadt, heißt Hotel Moskau und liegt in der Kiew-Straße. Für Unverfängliches scheint man auf der Krim nicht viel übrigzuhaben.

Ich checke ein, problemlos; warum auch nicht? Hinter der Rezeption sind gleich vier junge Frauen, was angesichts der leeren Lobby etwas überambitioniert wirkt. Nina reicht ihren ukrainischen Pass über die Theke. Er wird, wie meiner zuvor, mehrfach kopiert, gescannt, Formulare werden ausgefüllt. Es dauert.

Dann kriegen wir Pässe und Schlüssel und wollen hoch. »Einen Moment noch«, sagt dann die älteste Rezeptionistin, Typ strenge Lehrerin. Sie schaut zu Nina: »Es fehlt noch eine Angabe. Welchem Beruf gehen Sie bitte noch mal nach?«

Nina ist sichtlich irritiert. Auch in meinem Kopf rattert es. Will die Rezeptionistin darauf hinaus, dass Nina Ukrainerin ist? Ist sie jetzt offiziell Staatsfeind? In diesem Hotel gab es im Vorfeld des Referendums über den Beitritt der Krim zu Russland eine Großrazzia gegen Journalisten aus allen möglichen Ländern, bei der auch Speicherkarten und Computer zerstört wurden. Oder will die Rezeptionistin Nina als Bordsteinschwalbe hinstellen, weil sie als Ukrainerin zusammen mit jemandem mit einem westlichen Pass eincheckt?

Nina wartet einen Augenblick zu lange und sagt: »Ich bin arbeitslos.«

Nina ist eine gute Journalistin. Eine gute Lügnerin ist sie nicht.

»Arbeitslos. Ich verstehe«, sagt die Rezeptionistin, mit süffisantem Unterton. Arbeitslose auf der Krim leben einen Monat von dem Geld, das Nina und ich gerade für unsere Zimmer zahlen.

Ich muss später an diesem Abend an eine Episode denken, die mein Vater gerne erzählt. Auch zu Sowjetzeiten gab es natürlich Hotels, doch ganz unnatürlich konnte nicht jeder Sowjetbürger einfach in einem Hotel absteigen, selbst wenn er das Geld hatte und Zimmer frei waren. Es ist eines dieser sowjetischen Mysterien, denn Erklärungen für Kränkungen gab es damals nicht. Geht also ein Sowjetbürger in ein Hotel mit Dutzenden leeren Zimmern. Der Rezeptionist sagt: »Wir können leider nichts für Sie tun.« Der Bürger setzt nach, bis der Rezeptionist schroff fragt: »Wollen Sie Ärger machen? Soll ich jemanden holen?«

Eine solche Begegnung hatten auch mein Vater und ein Freund von ihm in den 70er-Jahren gerade hinter sich. Resigniert verließen sie das Hotel, doch der Freund meines Vaters wollte die erneute sinnlose Demütigung nicht auf sich sitzen lassen. Er ging zurück und fragte den Rezeptionisten: »Würden Sie mir das Zimmer denn geben, wenn ich, wenn ich ... beispielsweise Schwede wäre?« Der Rezeptionist schaute den Worten meines Vaters nach etwas verächtlich und sagte nur trocken: »Ja, dann schon.«

Der Freund meines Vaters holte seinen Pass heraus. Sein

Nachname war Schwed, was auf Russisch Schwede heißt. Es war purer Zufall, mit Schweden hatte der Freund so viel zu tun wie eine Atombombe mit Weltfrieden. Aber dann geschah etwas Seltsames: der Rezeptionist lachte. Lachte – und legte die Zimmerschlüssel auf die Theke.

Die Zeiten, in denen Rezeptionisten eine diffuse Macht über Hotelgäste hatten, sie schienen auf immer verschwunden, nur um wiederzukehren, so unaufhaltsam frostig wie eine ungeliebte Jahreszeit.

Der unangenehme Ton der Rezeptionistin bleibt noch eine Weile haften, auch am nächsten Tag. Nina ist froh, als wir Simferopol verlassen und nach Jalta fahren. Nach Jalta, ans Meer. Nach Jalta, in die Subtropen. Aber auch: nach Jalta, weg von der Politik. Denn auch auf der Krim ist nicht alles Kalter Krieg, sondern vieles vor allem ein sonniger Tag am Strand. Gerade in Jalta, das aus Simferopol über einen Bergpass zu erreichen ist. Die Schwere bleibt auf der anderen Seite der Berge. Es wartet das Schwarze Meer.

Die lange Promenade von Jalta war Sehnsuchtsort für Generationen von Sowjetbürgern. Hier wurde flaniert, als dieses Wort den Russen noch unbekannt war. Hier war die Sowjetunion so unsowjetisch, wie es nur geht. Wie für DDR-Bürger auf Hiddensee schien in Jalta eine Ausreise innerhalb der Landesgrenzen möglich.

In der Erinnerung meiner Mutter hatte sich alles zum Entspannten gewendet, als wir damals endlich diese Promenade erreicht hatten. Unser Sommer auf der Krim begann 1988 unweit des Urlaubsorts Aluschta, wo wir bei einer entfernten Verwandten wohnten, beengt, so erinnert sich meine Mutter, »und am Strand gab es einen Quadratmeter Platz pro

Person«. Sie habe erst später, in Jalta, begriffen, »dass Sommerurlaub ja auch schön sein kann«. Das erzählt mir meine Mutter heute und muss selbst lachen. Sie erzählt auch, dass für den Strand in Aluschta jedes Mal Eintritt gezahlt wurde, nur einige Kopeken, aber »für uns war es zu viel«. Finanzielle Sorgen ziehen sich durch alle Geschichten von damals. Dabei waren meine Eltern beide Ingenieure.

Nach Jalta schafften wir es damals erst, als mein Vater in den Urlaub nachkam. Wie das zu dieser Zeit war, wollte ich auch von ihm wissen, im Vorfeld meiner Reise, auf der Couch im Ruhrgebiet. »Wir waren im Tschechow-Haus, es war Sommer. Das hatte jetzt nicht Politisches, falls du darauf hinauswillst«, sagte mein Vater. Will ich nicht, erklärte ich ihm, sondern einfach nur wissen, wie es war. »Gut«, sagte er. Thema beendet. Mein Vater ist wirklich nicht immer redselig.

Heute ist das Finanzielle wieder allgegenwärtig, in Russland, auf der Krim. Die Frage, wie es den Menschen dort geht, ist eine hochpolitische geworden, seit die Krim russisch ist, denn das Versprechen auf ein besseres Leben ist allen noch präsent. Die meisten Menschen, die Nina und ich fragen, erzählen das Gleiche: Sie Finden es schon gut, jetzt zu Russland zu gehören. Aber das Leben sei seither schwieriger geworden. Sie hoffen darauf, dass die Touristenströme endlich kommen, dass die Brücke zum Festland endlich fertig wird, dass die Früchte endlich auf der Halbinsel angebaut und billiger werden, dass die Milliarden Rubel endlich bei den Menschen ankommen, dass…

Es ist der größte Unterschied zur ukrainischen Krim von

2013, der mir auffällt: Damals haben die Menschen in einer Art apathischer Glückseligkeit gelebt. Heute erwarten sie etwas und spüren dennoch, dass es vielleicht niemals kommen wird. Unter ukrainischer Flagge hatten sie sich damit abgefunden, dass der Staat nichts macht, aber hey: Er lässt uns in Ruhe! Und wisst ihr, was? Das Wetter ist spitze! Von Russland erwarten sie mehr. Es soll doch endlich beginnen, dieses versprochene tolle Leben.

Nina und ich wollen in Jalta nicht ins Hotel. Wir finden eine Frau, die privat Zimmer vermietet, einer der wichtigen Geschäftszweige in Jalta. »Wie alles ist?«, fragt Natascha auf meine Nachfrage hin zurück. »Für den Arsch ist es!«

Wir laufen mit Natascha zur Wohnung. Sie ist siebenunddreißig, telefoniert mit zwei Telefonen, nennt ihre Putzfrau »meine Liebste« und »meine Teuerste« und wirkt sympathisch verrückt. Als wir an einer riesigen russischen Flagge vorbeigehen, bemerkt sie die Blicke von Nina und mir und sagt: »Aber wir reden hier von Russland. Also ist es selbstverständlich der größte und prächtigste Arsch, in dem hier alles ist!«

Natascha erzählt, dass sie früher umgerechnet einhundert Dollar pro Wohnung und Nacht erlöst hat und heute nur noch ein Drittel davon. »Aber wir kommen klar«, sagt sie, während ihr zweites Handy klingelt. »Du weißt doch, wie das ist«, sagt sie ins Telefon und atmet extralaut aus. »Ich selbst war dieses Jahr erst zwei Mal im Wasser! Wann soll ich denn baden?«

Natascha wartet wie so viele auf die Brücke. Zunächst seien die Russen noch im »nationalen Freudentaumel« auf die Krim gestürzt. Doch sie würden gerne mit dem Auto anreisen. »Aber wer einmal mit Kindern bei fünfunddreißig Grad zwanzig Stunden ohne Sonnenschutz auf diese Fähre gewartet hat, muss schon ein ganz harter Masochist sein, um sich das noch mal anzutun.«

Abends laufen Nina und ich über die Promenade von Jalta. Sie ist voller entspannter Erwachsener, voller lachender Kinder. Es riecht nach Zuckerwatte.

Wir bleiben vor einem Mann stehen, der für karge Touristen-Münzen Mandoline spielt. Er trägt eine traditionelle blaue ukrainische Tracht, die aus Seide gemacht sein muss, so leicht und glänzend fällt sie über seine Knie. Nina geht zu ihm, er lächelt, was mit seinem Zwirbelbart irgendwie artistisch aussieht. Sie kennen sich. Nina spricht mit dem Mann und legt ihm eine Hand auf seine Schulter, und irgendwann sieht es so aus, als würde sie ihn stützen, bis er so alt wirkt, wie sein graues Haar es vermuten lässt.

»Er saß schon früher hier«, erklärt mir Nina. Der Mann hat fünf Kinder, und alles Geld, was ihm die Touristen hinschmeißen, geht an sie. Dass er als traditioneller Ukrainer gekleidet ist, scheint hier nichts zu machen, die Leute spenden eifrig, während Nina und ich weggehen. Der aktuelle Konflikt führt dazu, dass die Russen die Ukrainer nicht wegstoßen, sondern sie eher stützen, ja, sie umarmen wollen. Sie merken nur nicht, dass die Ukrainer diese Umarmung oft als Würgegriff empfinden.

Abends schauen Nina und ich Fußball in einer Bar am Strand. Deutschland spielt bei der Europameisterschaft gegen Italien. Nina und ich freuen uns laut, als Deutschland im Elfmeterschießen gewinnt, und sind die Einzigen, die das tun. Wir kassieren böse Blicke. Was haben die Menschen hier für Italien übrig, was haben sie gegen Deutschland? Ist jetzt alles Politik, oder ging es einmal einfach um etwas so belanglos Wichtiges wie Fußball?

Es ist ein seltsames Gefühl, als russischer Deutscher, Deutschrusse oder als was auch immer ich mich in einem bestimmten Moment fühle, nun überall auf der anderen Seite zu stehen. Denn so wenig, wie die Deutschen die Russen verstehen, mit alldem, was im Westen als Revanchismus und Aggression ankommt, so wenig können Russen nachvollziehen, warum der Westen es als einzig gerechte Situation empfindet, wenn er eine totale Kontrolle über die Welt ausübt. So sehen das viele. Als halber Russe und halber Deutscher, der beide Positionen nicht uneingeschränkt teilt, fühle ich mich eingequetscht. Ich will eine genauere Position für mich suchen – und wenn es nur auf eine elegantere Begründung hinausläuft, warum ich mich gerne als Weltbürger bezeichne. Wobei auch dieses pazifistisch angehauchte Wort in der national aufgeheizten Debatte der vergangenen Jahre zum Kampfbegriff taugt.

Vor der Weiterreise schlendern Nina und ich noch an der Lenin-Statue von Jalta vorbei. Hinter dem Revolutionsführer ragt das bis zu anderthalb Kilometer hohe Krim-Gebirge auf. Lenin selbst blickt auf das Schwarze Meer. Zu seinen Füßen skaten Jugendliche. Einer trägt ein Shirt mit einem Cannabisblatt und der Aufschrift *High Life*. Er springt, das Skateboard klebt an seinen Füßen, dann fällt es doch, er fällt fast, kann sich gerade noch halten. Lenin scheint all das wenig auszumachen. Der hat sein langes Exil in der neutralen Schweiz überlebt und Verbannungen in die Kälte. Der kann alles ab.

Wir fahren dann nach Sewastopol. Die Straße schlängelt sich oberhalb der Küstenlinie durch grüne Hügel. Immer noch ragen unfertige Hotelbauten wie Pfeile aus dem Boden, aber dann entschädigen abgelegene Buchten mit kleinen Häuschen dafür. Schroffe Felsen, die aus dem Meer ragen, lassen die Hügel des Hinterlandes noch sanfter wirken.

Nina und ich wechseln von einem Kleinbus in den nächsten. Der Fahrer bittet alle, sich anzuschnallen, etwas ungewöhnlich in dieser Gegend. Die meisten folgen widerwillig dem Aufruf, nur ein etwa fünfjähriger Junge und sein Vater nicht. Der Junge sagt fröhlich: »Wir schnallen uns nicht an!« Der Vater tätschelt den Kopf des Jungen und sagt gutmütig: »Genau. Wir schnallen uns nämlich nie an!«

In Deutschland habe ich früher oft mit Freunden diskutiert, weil ich mich nicht angeschnallt habe. Aber bei Kindern sehe ich die Sache anders, sie sollten schon... das ist etwas, das Russland in diesem Sommer noch oft mit mir machen wird: Mich zwingen, eine nicht unbedingt geliebte Position zu verteidigen, weil die andere vorhandene Option noch ungeliebter ist. Sei es nun, dass ich mich für Anschnallgurte oder Angela Merkel einsetzen muss. Dieses Mal schweige ich aber. Zu überzeugt sind Junge und Vater.

Etwa eine Stunde später stehen wir in einer Serpentine im Stau. Nina ist eingeschlafen. Ein Auto steht am Straßenrand, das vordere Drittel ist zerknautscht, wie ein Hemd in einer Waschmaschine. Weiter hinten ist ein rotes Metallknäuel, das kürzlich noch ein Auto gewesen sein muss. Davor liegt eine Frau, die Bluse aufgerissen, der Rock verrutscht. Ein Mann presst mit beiden Händen auf ihren Brustkorb. Sie bewegt sich nicht.

Je näher Sewastopol rückt, desto mehr Schilder stehen entlang der Straße, von denen Wladimir Putin zum Volk spricht. Die Zitate des Präsidenten lauten etwa: »Wir wollen die Krim und Sewastopol zu dynamisch entwickelten Subjekten der Russischen Föderation machen.«

Oder: »Die Rechte der Minderheiten und ihre Kultur und Sprache auf der Krim müssen geschützt werden.«

In Sewastopol selbst stechen dann auch andere große Plakate ins Auge, auf denen einfach mit roter Farbe auf weißem Hintergrund steht: »Russland ist uns mehr als die ganze Welt!«

Nina und ich erreichen die Stadt an einem klaren Sonnentag. Wir machen dann, was alle in Sewastopol machen: eine Bötchentour.

Historische Militärschiffe liegen im Hafen und die berühmte russische Schwarzmeerflotte. »Da, die Schiffe waren früher ukrainisch«, sagt Nina und zeigt auf zwei Truppentransporter. Sie erklärt mir, dass nicht nur die Krim das Land gewechselt hat, sondern auch vieles, was auf der Krim der Ukraine gehörte. Als wir später wieder an Land gehen, kaufen viele Touristen Kühlschrankmagnete, die es von den einzelnen Schiffen gibt. In Sewastopol sind Raketenkreuzer die Posterboys.

Nur ein Junge, der Flöte spielt und Geld in einer Box sammelt, auf der »Donezk« steht, erinnert daran, dass unweit der Krim, im ostukrainischen Donbass, immer noch Menschen in einem Konflikt sterben, der theoretisch schon befriedet ist – und in dem in der Praxis Ukrainer und Russen aufeinander schießen. »Hauptsache, kein Krieg«, sagen sie deshalb oft in Sewastopol.

Ich sehe später einen Leichenwagen und muss daran denken, wie meine Mutter mir von dem Sarg aus Afghanistan erzählt hatte, anno 1988 auf der Krim. Die Mutter des toten Soldaten habe damals vor dem Haus gestanden und laut ausgerufen: »Mein Junge ist gestorben. Mein Junge ist tot!« Immer und immer wieder. So ist es alter Brauch in Russland, das laute Wehklagen. Heute kommen wieder Särge mit toten russischen Soldaten, diesmal aus dem Donbass. Die Männer kämpfen nicht als reguläre russische Soldaten dort, sondern als Freiwillige, aber ein Sarg bleibt ein Sarg.

Sewastopol hat am frühen Abend etwas von einem Ausflug in die 70er- und 80er-Jahre. Zu seichter Musik tanzen Senioren paarweise und einzeln, die meisten haben ein Lächeln auf dem Gesicht, sie wirken glücklich. Keine einhundert Meter weiter singen ältere Damen im Chor, sie tragen hellblaue Roben, das Ensemble nennt sich *Metschta* – Traum. Die Zuhörer sind zumeist über siebzig, sie klatschen begeistert. Die gute alte Sowjetzeit. Mir kommt der Gedanke, dass es so leicht gewesen wäre, diesen Menschen in den vergangenen fünfundzwanzig Jahren etwas anzubieten, mehr jedenfalls, als ihnen zu erklären, dass ihr Leben so falsch war wie das System, in dem sie es gefristet haben.

So bleibt von Sewastopol ein gemischter Eindruck, zwischen Meer, Melancholie und Militär. Kommt, wir singen die Lieder unserer Jugend und übertönen den Donnerschlag der Kanonen.

Nina und ich fahren dann zurück nach Simferopol. Vor meiner Abreise wollen wir noch jemanden treffen, den sie gut kennt. Es ist die Mutter von Gennadi Afanasjew.

Afanasjew ist einer der Mitstreiter des ukrainischen Filmregisseurs Oleg Senzow, der wegen Terrorismus zu zwanzig Jahren Haft verurteilt wurde. Sie sollen die Außentür eines Büros der Kremlpartei *Einiges Russland* in Simferopol angezündet sowie geplant haben, eine der zwei Lenin-Statuen der Stadt zu sprengen. Die Staatsanwaltschaft stützte sich im Prozess auf die Aussage von Afanasjew. Später hat er aber angegeben, diese Aussagen unter schwerer Folter gemacht zu haben. Im Zuge eines russisch-ukrainischen Austausches kam er frei und lebt jetzt in Kiew.

Er ist mir nicht persönlich bekannt und auch nicht mit mir verwandt oder verschwägert. Es ist eine seltsame Namensgleichheit, die aber doch etwas in mir auslöst. Hätte das ich sein können, wenn wir damals auf der Krim gelebt, wenn wir in der Sowjetunion geblieben wären?

Wir sitzen in einem Café. Die Mutter von Gennadi Afanasjew trägt ein rotes Kleid, hat eine blonde Dauerwelle und macht auf mich einen etwas nervös-aufgeregten Eindruck. Wie eine Mutter eben, deren Sohn erst kürzlich aus einem Straflager entlassen wurde und die das alles noch nicht ganz fassen kann. »Eigentlich will ich ja nicht weg«, sagt sie irgendwann und meint damit ihren bevorstehenden Umzug nach Kiew. Von der Krim nach Kiew, also aus Russland in die Ukraine. Sie macht es, um bei ihrem Sohn zu sein, der als verurteilter Terrorist natürlich nicht auf die russische Krim zurückkehren wird.

Die ukrainische Regierung hat Gennadi angeboten, ihm beim Start ins neue Leben zu helfen, einen Job zu suchen. »Ich habe ihm gesagt: Natürlich musst du das machen. Es kommen Ukrainer ohne Arme oder Beine aus dem Donbass wieder und kriegen nichts vom Staat. Du hast Glück, habe ich ihm gesagt«, erklärt Gennadis Mutter.

Weitere Freunde der Familie kommen dazu. Ich will wissen, ob Gennadi und die anderen wirklich etwas gemacht haben, also etwas ganz konkret gegen Russland Gerichtetes, wenn auch nicht, wie von der Anklage behauptet, die versuchte Sprengung einer Lenin-Statue.

Im Internet für die ukrainische Sache mobilisiert, bekomme ich als Erstes zu hören. An der Sache mit der angezündeten Tür sei etwas dran, der Schaden sei allerdings klein gewesen, die Tür wurde ersetzt. Und Suppe hätten sie gekocht. Für ukrainische Soldaten, die von den Russen in ihren Kasernen festgesetzt waren und von jeglicher Versorgung abgeschnitten, damit sie sich ergeben und abziehen. Sieben Jahre Lager für Suppe.

Es war eine extrem wilde Zeit im Frühling 2014, als in der Ukraine Revolution herrschte und auf der Krim auch – nur unter anderen Vorzeichen. Wie verworren die Verhältnisse waren, zeigt eine Episode, die sich damals genau so zugetragen haben soll: Der Kommandeur einer russischen Einheit, die eine ukrainische Kaserne umstellt hat, spricht mit dem Kommandeur der Ukrainer. Wobei der auch ein ethnischer Russe ist. Der Kommandeur der Russen sagt: »Ihre Einheit ist umzingelt. Geben Sie Ihre Waffen ab und verlassen Sie die Kaserne.« Der Kommandeur der Ukrainer sagt: »Sie wissen doch genau, dass ein russischer Soldat sich nicht ergibt.«

Ich betrachte die Mutter von Gennadi Afanasjew und frage mich, was meine Mutter in so einem Fall getan hätte. Ich meine, wenn wir nicht nach Deutschland gezogen wären, sondern geblieben und ich irgendwann auch den Kochlöffel geschwungen und dann sieben Jahre für Suppe bekommen hätte. Ich weiß natürlich, dass auch meine Mutter auf meiner Seite gestanden hätte. Aber wären ihre regierungstreuen Ansichten, die aktuell denen meines Vaters ähneln, dann andere? Würde ich dann überhaupt noch mit meinem Vater reden? Oder wären seine Ansichten heute vielleicht auch meine Ansichten? Hätte ich dann überhaupt Suppe gekocht oder diejenigen verurteilt, die so etwas tun?

Die Krim ist meine erste Station, ich merke das, weil ich innerlich aufgeregt bin, als würden sich Kopf und Körper erst an russische Gegebenheiten anpassen müssen. Vielleicht stimmt es ja, was kundige Menschen sagen, dass die Seele immer einige Tage braucht, um dem per Flugzeug Reisenden hinterherzukommen. Vielleicht braucht die Seele umso länger, wenn sie den ehemaligen Eisernen Vorhang überwinden muss, vielleicht sind die Seelengrenzer ja miese Abzocker, die sie erst stundenlang schmoren und dann ein Schmiergeld zahlen lassen, die Unterschrift unter eine seelisch-moralische Bankrotterklärung oder so, bevor sie endlich weiterfliegen darf. Der Gedanke, nach dem baldigen Flug von der Krim nach Moskau nicht mehr abzuheben, sondern nur noch mit Bussen und Zügen unterwegs zu sein, erfreut mich jedenfalls gerade.

Ich telefoniere mit einem guten Freund in Berlin, dem ich all diese Gedanken mitteile. Er sagt mir: »Du denkst zu viel. Der Westen hat dich weich gemacht.«

Dieser Tage lese ich »Die Insel Krim« von Wassili Aksjonow. Der Roman erschien 1981 und erfährt seit der russischen Krim-Annexion eine Renaissance, da der Autor über gewisse prophetische Fähigkeiten verfügt zu haben scheint. Aksjonow baut ein Szenario auf, in dem die Krim infolge des Zweiten Weltkriegs ein unabhängiger Staat wird, eine Art slawisches Monaco der Schönen und Reichen, das den Widerstreit zwischen Kapitalismus und Kommunismus mit einem eleganten Schulterzucken von sich weist. Im Volksmund des Buches wird die Krim »Ostrov okay« genannt, die »Insel okay«.

All die Dekadenz und das Zuviel des guten Lebens führen aber schließlich zum Erstarken einer politischen Bewegung, die den freiwilligen Anschluss an das große Mutterschiff Sowjetunion anstrebt. Vor lauter Sundowner und himmelschreiend lässigen erotischen Eskapaden streben die Inselbewohner also freiwillig ins Land der Gulags. Ja, das Buch lässt kein gutes Haar an der Sowjetunion, aber auch die Hedonisten kommen so sympathisch wie trotzdem mies weg. Insgesamt ergibt sich eine Dystopie, die nur insofern an die Realität erinnert, als die Menschen auf der Krim heute ja auch eine zumindest zum Westen strebende ukrainische Gesellschaft freiwillig gegen eine offen illiberale wie die russische eingetauscht haben. Mag das Krim-Referendum auch keinerlei demokratischen Standards entsprochen haben, zweifelt kaum jemand daran, dass die Mehrheit wirklich gen Osten blickt. Nun sind die realen Unterschiede in Sachen Freiheit zwischen der Ukraine und Russland heute längst nicht so gewaltig wie in dem Buch, für einen Reisenden sind sie mithin kaum greifbar. Es gibt sie, das merken Tataren auf der Krim oder Russen in Moskau, die oppositionelle Meinungen vertreten. Aber für alle anderen sind sie kaum vorhanden.

Am letzten Abend blicke ich mit Nina von einem Hügel auf Simferopol, ein undefiniert graues Häusermeer, und weiß noch nicht, was ich vom Beginn meiner Reise halten soll. Zwischen all dem klebrigen Misstrauen und den malerischen Küstenstraßen, auf denen eine Fahrt in eine bessere Epoche möglich scheint, bleiben so viele Zwischentöne. Eine Reise auf die Krim ist auch eine Reise in die Vergangenheit – was eine Interpretation nicht leichter macht, denn auch die Vergangenheit ist in Russland in stetigem Wandel begriffen.

Ich rufe vom Hügel meine Eltern an und erzähle ihnen, dass die Rezeptionistin Nina drangsaliert hat, dass überall Putin-Graffiti sind und ich einen Unfall gesehen habe, bei dem eine Frau gestorben ist. Ich sage ihnen: Ich hatte auf der Krim eine gute Zeit.

## 3. Meine Anfänge im Westen

Da war zunächst eine Autobahn. Ich war zehn Jahre alt und ahnte nicht, wie klischeehaft eine Fahrt auf der Autobahn als erste Erinnerung an Deutschland später sein würde. Deshalb genoss ich sie einfach. Es war Nacht, der Asphalt glänzte von einem gerade versiegten Regenschauer, und ich öffnete das Fenster, während der VW Passat auf einhundertachtzig beschleunigte. Willkommen im Westen, hier darfst du alles, mein Freund!

Am Steuer saß ein mir unbekannter Mann, ein Verwandter von uns, er lächelte gütig und drückte das Gaspedal durch. Er wollte wohl diesen dürren Jungen, der ich war, beeindrucken. Es gelang. Wegen des offenen Fensters war es sehr laut im Auto, und Deutschland flog draußen an uns vorbei. Es war der 25. Juli 1993.

In Moskau hatten meine Mutter, meine Schwester und ich fast zehn Stunden warten müssen, weil das Flugzeug wegen Kerosinmangels nicht abheben konnte. Da alle nahen Wechselstuben sich geweigert hatten, unsere Rubel gegen Mark oder Dollar zu tauschen, wechselte meine Mutter das Geld in einer dunklen Gasse bei einem Typen mit schief sitzender Mütze. Wir waren fertig. Aus diesem Land musste fliehen, wer konnte, es gab dort nichts mehr, so schien es zumindest damals.

Die Frau hinter dem Check-in-Schalter nannte irgendeine hohe Summe, die wir für unser Übergepäck zahlen sollten. Meine Mutter holte das gute Service aus einem unserer Koffer und stellte es auf den Boden. Unsere letzte Abgabe an Russland. Dann gingen wir zum Gate. Meine Mutter weinte.

Ich dachte damals wirklich, dass es ihr ums Geschirr ging. Aber sie weinte, weil sie nicht sicher war, ob sie meinen Vater jemals wiedersehen würde. Er kam nicht mit uns. Er würde wohl nachkommen, hieß es vage. Oder wir würden zurückkehren, vielleicht, nach einem Jahr oder so, möglicherweise, sicher wusste ja niemand irgendetwas. Ich glaube heute, dass wir überhaupt nur gingen, weil niemand mehr irgendetwas sicher wusste.

Einer der kommunizierten Gründe für den Wegzug nach Deutschland war meine Gesundheit, da ich oft krank war und das wahrscheinlich mit der schlechten Luft in der Industriestadt Tscheljabinsk zusammenhing. Ein anderer war, dass es 1993 irgendwann nicht mehr sicher war, nach Anbruch der Dunkelheit auf die Straße zu gehen, *bei dem, was da draußen los ist,* wie die Frauen im Treppenhaus sagten. Hinzu kamen all die unbezahlten Gehälter, die unangebracht bezahlten Beamten und diese Gefahr, die ebenso wie der Smog ständig in der Luft zu hängen schien. In den Nachrichten fielen Worte wie *Putsch* und *Umsturz*.

Vielleicht halten Menschen nur ein bestimmtes Maß an Unsicherheit aus. Danach bestimmen die Instinkte das Handeln, zum Beispiel die meiner Mutter, ihre Kinder in Sicherheit zu bringen. Mein Vater allerdings brauchte noch Zeit, sich von Russland zu lösen. Er versprach also nachzukommen.

Seltsamerweise erinnere ich mich nicht, wie ich mich von meinem Vater verabschiedete. Ich glaube, es liegt daran, dass ich keine Zweifel hatte. Er hatte gesagt, dass er nachkommend würde, also stimmte es.

Ich weiß aber noch, dass ich in dieser ersten Nacht in Deutschland im VW Passat fragte, ob ich mich anschnallen müsste. Vielleicht wollte ich unbewusst einen ersten Schritt gehen, mich anpassen an diese neue deutsche Realität. Aber der Verwandte am Steuer verneinte. Er tat es nicht mit diesem nonkonformistischen Stolz wie der Vater und sein Sohn viele Jahre später auf der Krim, sondern winkte ab und sagte nur: »Ach ...«

Ich fand es sehr beruhigend, dass auch in Deutschland scheinbar nicht alles so maximal streng gehandhabt wurde, wie mir das zuvor in Russland eingetrichtert worden war. Hier musste es sich doch leben lassen.

3500 Kilometer lagen zwischen Tscheljabinsk und Recklinghausen im Ruhrgebiet, wo ich mit meiner Mutter und meiner acht Jahre älteren Schwester fortan wohnen sollte. Bis es so weit war, mussten wir in ein Aufnahmelager für Aussiedler.

Mir blieb diese trostlose Zeit allerdings weitgehend erspart, ich durfte sie bei Verwandten überbrücken, die vor uns ausgewandert waren. Dazu gehörte fast die komplette Familie meiner Mutter: ihre Eltern und ihre zwei Schwestern mit Ehemännern und Kindern. Wir durften rübermachen, weil die Familie deutschstämmig war. Im Duktus der damaligen Zeit kamen wir »zurück nach Hause«. So hörte ich es die Erwachsenen häufiger sagen und fand es jedes Mal aufs Neue absurd. Wir waren doch Russen.

Wirklich und ohne jeden Zweifel ein Russe war mein Vater. Also auch von ethnischer Seite. Das verstand ich damals zum ersten Mal. Es hatte zuvor nie eine Rolle gespielt, oder ich war schlichtweg zu jung gewesen, um mich damit auseinanderzusetzen.

Der Umgang mit den Worten *Nationalität* oder *Ethnie* hatte zu Sowjetzeiten etwas zutiefst Schizophrenes, wie ich erst viel später verstehen sollte. Die kommunistische Ideologie machte aus allen Sowjetbürgern ja Internationalisten par excellence, denn die Weltrevolution versprach, alle kleinlichen Debatten um Rasse und Klasse in Gleichheit und einer finalen Glückseligkeit aufzulösen. Nachdem die starke Hand der Partei erschlafft war, traten die weiterhin existierenden Brüche offen zu Tage.

Viele meiner Verwandten mütterlicherseits waren früher diskriminiert worden, weil sie deutschstämmig waren. In den sowjetischen Teilrepubliken wiederum fand eine Russifizierungspolitik statt, die der Erziehung der Menschen zu Weltbürgern abträglich war. Jetzt spielte die Nationalität wieder eine große Rolle. Meine Mutter war also Deutsche, mein Vater Russe. Das verstand ich mit zehn Jahren.

Ich vermisste meinen Vater schon, aber zumeist war dafür keine Zeit. Es galt ja anzukommen. Wobei zunächst alles so blieb wie in der ersten Nacht im Westen mit dem geöffneten Fenster auf der Autobahn: Deutschland flog an uns vorbei.

Eines Tages wurde ich ins Aufnahmelager zu meiner Mutter und meiner Schwester bestellt, weil dort ein wichtiger Termin anstand. Ich kam in ein karges Büro, wo mir ein Mann recht unmotiviert vorschlug, meinen Vornamen in Nikolaus zu ändern. Das würde deutscher klingen und mein Leben erleichtern. Außerdem wäre es hilfreich, den deutschen Mädchennamen meiner Mutter anzunehmen: Kerber.

»Ja, Nikolaus Kerber!«, sagte der Mann schließlich, als hätte er sich erst ab dem Augenblick mit mir beschäftigt, in dem ich den Raum betreten hatte, und als würde er all das nun wirklich für eine Spitzenidee halten.

Ich mochte Weihnachten nicht allzu sehr, und das galt auch für den Nikolaus. Vor allem aber mochte ich es nicht, mich von irgendwelchen seltsamen Typen genötigt zu fühlen, meinen Namen zu ändern. Ich blieb also Nikita Afanasjew.

Jahre später sollte die zweite Hälfte meines Vornamens quasi von selbst wegfallen, ich ging dazu über, nur Nik zu heißen, von den meisten so gerufen zu werden, unter diesem Namen zu schreiben, vielleicht auch im unterbewussten Wunsch, meine russische Identitätshälfte abzuschneiden, um mehr so zu sein wie alle. Erst mit fünfunddreißig entschied ich mich, bisweilen wieder meinen vollen Namen zu benutzen, so, wie er auch auf dem Umschlag dieses Buches steht: Nikita Afanasjew. Ich hatte doch den vorwitzigen Beamten damals nicht umsonst daran gehindert, meinen Namen zu verhunzen.

Noch seltsamer verlief die Anpassung des Namens bei meiner Mutter. Sie hieß im Russischen Margarita. So hätte sie es auch auf Deutsch weiter halten können oder die korrekte deutsche Entsprechung Margarete wählen oder schlicht Rita ... aber was wussten wir schon? Als sie gefragt wurde, wie sie nun geschrieben werden wollte, war meine Mutter ratlos. Neben ihr stand ihre Schwester, die sich findig an ihren letzten Besuch beim Italiener erinnerte und Margherita ins Formular eintrug. So hieß meine Mutter fortan wie die Pizza. Es dauerte einige Jahre, bis sie darüber lachen konnte.

Wir zogen in eine Wohnung im Süden von Recklinghausen, die teilweise mit Möbeln vom Sperrmüll eingerichtet war. Um uns herum wohnten viele Menschen wie wir, was hieß, dass die Gegend schlecht war.

Ich begann zur Schule zu gehen, ohne Deutsch zu sprechen. Glücklicherweise spielte ich Fußball, das ging auch wortlos. Unglücklicherweise schoss ich sofort am ersten Tag einem deutschen Jungen vor den Kopf, sodass seine Brille auf dem Boden zerbrach. Mein Klassenlehrer Herr Hasse sprach mit meiner Mutter, die einige Brocken Deutsch konnte, um ihr zu erklären, dass die Angelegenheit am besten über eine Versicherung zu klären sei. Meine Mutter nickte. Zu Hause gestand sie dann, nicht zu wissen, was eine Versicherung ist.

Als auf Vermittlung von Herrn Hasse um die vereinbarte Zeit der Vater des Jungen bei uns klingelte, um die Angelegenheit zu klären, stand statt einer klassischen Vaterfigur mit Brille und Plauze ein Punk mit grünem Irokesenschnitt in unserer Wohnung. Meine Mutter kam über den Schock nur schwer hinweg, es mochte sich zwischen den beiden Eltern kein Gespräch entwickeln. Sie kamen nicht nur aus verschiedenen Ländern, sondern von unterschiedlichen Planeten. Ich weiß nicht mehr, wie, aber sie klärten alles.

Kurz darauf zerschoss ich mit meinem Fußball das mannshohe Fenster eines griechischen Restaurants. Irgendwie war mir klar, dass auch das in der Familie neu vorhandene Wissen um Versicherungen diese Sache nicht so schmerzfrei enden lassen würde wie die Brillen-Angelegenheit. Ich verschwieg den Vorfall und gab meinen Ball auf, der im Restaurant liegen geblieben war.

Natürlich ging es damals sofort und ständig auch um die deutsche Sprache. Sie zu beherrschen galt als der Schlüssel zu diesem merkwürdigen Land draußen vor dem Fenster, diesem Deutschland der Versicherungen und der Väter mit Irokesenschnitt. Meine Mutter übte mit mir, doch zu Beginn lief es schleppend.

Meine erste Klassenarbeit war sofort ein Diktat, geschrieben etwa zwei Monate nach der Ankunft.

*Delphine*

*Manche Menschen meinen, Delphine seien die gluksten fiere.*
*Es gibt fon ienen viele ware Geschichten, in dehnen erzält*
*wirt, wie klug sie sind.*
*In einen grosen Aquarium wurde vor wenigen jaren gises*
*Beobachtet: Zwischen dicken steiman hatte sich eine Mürene*
*versteckt. Zwei Delphine wollten sie kregen. Sie wartete lenger*
*alz eine Stunde.*
*Plötzlich kann die Mürene ein bißhen vor. Ein Delphnin*
*konnte sie wassen- mer nicht. Die Mürene warzustack.*
*Aber darfin der Delphin einen Fisch mit giftigen stache.*
*Mit dem stach in der Mürene in den Bauch. Bedeut reiten*
*sie Andere aus ihrem fersteck.*

Unter diesem Loblied auf die Finesse der Delphine steht:

Grundtext Fehler: 20
Erweitert: 29
Langtext: 40

Dazu ein beinahe fröhliches: *Die Arbeit wird noch nicht bewertet!*

Diese Weigerung, mir eine Sechs zu geben, garniert mit einem Ausrufezeichen, stammte von meinem Klassenlehrer Herrn Hasse. Er hatte schütteres blondes Haar, sah in etwa so aus wie eine gütig gealterte Version des Schauspielers Ben Becker und setzte sich von Anfang an für mich ein. Er war auch der erste Deutsche, der uns als Familie verblüffte. Beim Kennenlernen fragte er meine Mutter, woher wir kommen würden. »Aus Russland«, sagte sie. »Woher genau dort?«, setzte er nach. Mama lächelte etwas genervt, traute sie doch keinem Lehrer aus einem deutschen Kaff zu, mehr russische Städte als Moskau zu kennen. Trotzdem sagte sie: »Aus Tscheljabinsk.« Herr Hasse riss die Augen auf. »Dort gab es doch 1957 diesen Atomunfall. Sie sehen aber alle noch ganz munter aus!« Meine Mutter war baff. Damals wussten nur die wenigsten Menschen von dem Unfall 1957, der unweit von Tscheljabinsk passiert war und heute als drittgrößtes Atomunglück der Geschichte nach Tschernobyl und Fukushima gilt. Die Sowjetbehörden hatten alles vertuscht – und wir als Familie Ende der 80er im verstrahlten Gebiet Urlaub gemacht. Im Westen wussten sie damals mehr darüber, was bei uns vor der Haustür passiert war, dachte ich und konnte es kaum fassen. Na immerhin, munter sahen wir also noch aus.

Nicht alle Ideen von Herrn Hasse gingen auf. So verstaubte eine Flöte, die er mir zwecks musikalischer Selbstbildung gegeben hatte, noch etwa fünfzehn Jahre im Schrank, bis ich sie bei einem Umzug entsorgte. Auch hatte er bei einer Schulfeier zu meiner Mutter gesagt: »Wir haben leider nicht Ihr Nationalgetränk im Angebot!« Er hatte Wodka gemeint, und sie war sichtbar sauer. Aber in dieser seltsam entrückten Zeit tat es gut, einen Unterstützer zu haben, der sich ohne Grund und Gegenleistung für mich einsetzte.

Ich lernte schnell Deutsch und irgendwann sogar, Fußball zu spielen, ohne etwas kaputt zu machen. Meine Mutter schaute nicht mehr so verängstigt, wenn wir einkaufen gingen, und meine Schwester fand erste Freunde.

Dann kam 1995 mein Vater.

## 4. Alle Wege führen nach Moskau

Ich springe auf einen Panzer, blicke mich um – und sehe zwei schlafende Wachhunde. Sie sind nur wenige Meter entfernt. Ich kann nicht so richtig erkennen, um was für Hunde es sich handelt, für mich heißt die Rasse in diesem Moment einfach *Großer böser Hund*. Und es sind ja gleich zwei, sie liegen einträchtig nebeneinander, beinahe friedlich. Ihre bulligen Körper wölben und senken sich im Takt ihres Atems. Wieso habe ich sie vorher nicht entdeckt? Wieso hat mein Begleiter Dima sie nicht rechtzeitig gesehen? Jetzt bloß keinen Fehler machen.

Hinter den Hunden strecken mehrere Haubitzen ihre Geschützrohre stumm in den Nachthimmel. Es ist eine warme Sommernacht, die auf einen Tag voller Sommerregen gefolgt ist. So eine Nacht, in der Sachen passieren. Hinter den Haubitzen erkenne ich die Konturen von Kampffliegern und weiterem gefährlichem Kriegsgerät, aber mein Problem sind jetzt eindeutig die Hunde.

Ich drehe mich vorsichtig um und gucke zum Zaun, über den ich kurz zuvor geklettert bin. Er scheint auf einmal ziemlich weit weg und so hoch. Dima wirkt irritiert, sein Gesichtsausdruck sagt: Was ist?

Ich deute hinter mich, und weil ich nicht weiß, wie ich einen Hund imitieren soll, stelle ich meine Hände senkrecht an meinem Hinterkopf auf. Es sieht bestimmt eher nach Hase als nach Hund aus. Dima schmunzelt, ich muss lachen und kann es gerade so unterdrücken. Dima schleicht zum Zaun zurück.

Der Irrsinn der Situation wird mir mit einem Schlag bewusst. Ich bin von der Krim nach Moskau geflogen, habe mich bei meinem einzigen Moskauer Verwandten einquartiert, meinem Cousin Dima, wir haben im Park Fußball gespielt, bis es dunkel wurde, und sind danach spontan seinem Vorschlag gefolgt, in einem nahen Museum vorbeizuschauen. Allerdings war es da bereits Nacht und das *Zentrale Museum der Streitkräfte der Russischen Föderation* hatte natürlich schon zu.

Dima besitzt keine mir bekannte kriminelle Energie oder anarchistische Attitüde. Ich bin ihm deshalb recht umstandslos gefolgt und fange nun an, es zu bereuen. Wir hätten am nächsten Tag in dieses Museum gehen können, oder auch gar nicht. Ja, gar nicht wäre eine tolle Option, es mangelt in Russland ja auch nicht unbedingt an Gelegenheiten, Panzer zu sehen, sogar in Dörfern ohne Supermarkt steht häufig ein Panzerdenkmal, und trotzdem halte ich jetzt auf diesem Ausstellungsstück mitten in Moskau den Atem an. Wenn die Hunde aufwachen, sitze ich morgen schwer zerbissen in einer Arrestzelle, statt meine Reise in den Osten so richtig zu beginnen. Und dabei haben Dima und ich noch nicht einmal etwas getrunken. Keinen einzigen Schluck. Das ist so bescheuert. Ich werde später behaupten, wir hätten schwer gezecht, falls das jetzt schiefgeht.

Ich sollte schleunigst verschwinden, zurück über den Zaun, den Dima gerade erklimmt.

Los jetzt.

Ich halte mich an der Panzerkette fest, klettere nach unten, mache die etwa zwanzig Schritte und überwinde den Zaun, ohne mich einmal umzudrehen. Dima und ich klatschen dann ab, als hätten wir etwas geschafft.

Auf dem Rückweg reden wir wenig. Ich frage mich schon, warum Dima vorgeschlagen hat, über diesen Zaun zu springen, aber ihn fragen will ich nicht, und er selbst sagt nichts dazu. Das letzte Mal, dass wir gemeinsam über einen Zaun gestiegen sind, ist gut dreißig Jahre her. Oder 2000 Kilometer weg, die 2000 Kilometer nach Tscheljabinsk.

Vielleicht steckt auch gar nicht viel dahinter. Ich weiß ja selbst nicht, warum ich zugestimmt habe. Wir laufen weiter, und irgendwann sagt Dima zu mir: »Weißt du, es liegt in der Natur des Russen, das Loch im Zaun zu suchen. Und wenn es keins gibt, dann ...«

Ich habe mir vorgenommen, nur wenige Tage in Moskau zu bleiben. Alle Wege führen in Russland über die Hauptstadt, vermeiden lässt sie sich also nicht, aber ich will auf keinen Fall hier stecken bleiben. Moskau ist die Quintessenz und das Gegenteil Russlands zugleich, so ausladend, so westlich, so schnell.

Vor allem bin ich hier, um Cousin Dima zu treffen. Wo doch der Berggipfel meiner Reise meine Heimatstadt Tscheljabinsk werden soll, wo mein Cousin Aljoscha und meine Tante Tanja auf mich warten, meine engsten Bezugspersonen in Russland. Von Moskau zum Ural, von Cousin zu

Cousin – in diesem Fall heißt das auch von einem Lebensentwurf zum anderen.

Denn während ich aus Erzählungen und Telefongesprächen weiß, dass in Tscheljabinsk ebenso wie in den Weiten Russlands die Familie und die eigene Datscha weiterhin – oder wieder – eine hohe Priorität besitzen, folgen die meisten Moskowiter einem urbanen Takt, sie rennen hinter dem Geld her, das es ihnen erlaubt, weiter in dieser überteuerten Stadt zu wohnen und auch morgen noch um die Chance kämpfen zu dürfen, hier wohnen zu bleiben. Statt von einer Datscha träumen sie von Frankreich, und alles, was außerhalb der Moskauer Stadtautobahn liegt, betrachten sie als wildes Sibirien. So gehen die Vorurteile der Russen über Moskowiter, und wie das bisweilen so ist mit den Vorurteilen, steckt ein wahrer Kern drin.

Mit Dima sitzen wir am Tisch im Wohnzimmer seiner Wohnung. Die Möbel stammen aus den Nachkriegsjahren. Sie sind aus dunklem Holz, in mehreren Schichten lackiert. Ein ranghoher Offizier hat früher hier gewohnt. Dima möbliert nicht neu, weil er diese Wohnung nur mietet.

Dima ist ein zurückhaltender Typ, der mit leiser, aber dringlicher Stimme spricht und als Immobilienentwickler arbeitet. Er heißt eigentlich anders, aber da wir unerlaubt einen Zaun bestiegen haben und er immer noch wenige Gehminuten entfernt wohnt, heißt er jetzt für diesen Text Dima.

Es sind immer noch die Tage der Europameisterschaft 2016 in Frankreich, und Dima überlegt, auf welche Mannschaft er online Geld setzen soll. Ich empfehle Deutschland, aus Überzeugung. Vielleicht fange ich auch schon an, Deutschland zu vermissen. Oder ich empfehle es aus purem Trotz, weil auf der Krim, warum auch immer, alle für Italien gewesen sind, als Deutschland im Viertelfinale gewann.

Aus russischer Sicht war das Aufregendste an diesem Turnier aber nicht die verunglückten Spiele der *Sbornaja*, sondern der Auftritt der eigenen Hooligans, die Marseille verwüstet und es »den Engländern so richtig gezeigt haben«, wie es in der patriotischen Presse danach hieß. Europa schüttelt den Kopf über sinnlose Brutalität und hirnlose Gewalttäter, Russland feiert seine neue Härte. Früher gab es den Eisernen Vorhang, heute scheint es mehr ein Graben zu sein zwischen Ost und West. Selten ist er so tief gewesen wie in diesen Tagen.

Während Dima online sein Geld setzt, schreibe ich den Chef der russischen Fanvereinigung an, den offiziellen Oberfan des Landes, um mit ihm über Hooligans, Heldentum und Fußball zu reden. Ich schlage vor, gemeinsam in einer Kneipe ein Halbfinale der Europameisterschaft zu schauen.

Ich versuche mit Dima dann über Russland und das große Ganze zu reden. Die Firma, für die er Immobilienprojekte vorantreibt, ist auch auf der Krim tätig. Dima zeigt mir einen Prospekt für zwei Luxuswohnhäuser, die unweit der Schwarzmeerküste entstehen sollen. Ich sage: »Wie stehst du politisch zur Krim-Frage?«

Dima kratzt sich am Hinterkopf. »Ich finde gut, dass die Krim zu Russland gehört. Ich meine ... die Krim bietet uns interessante Geschäftsmöglichkeiten.«

Ich kenne die Geschichten um russische Geschäftsleute, die sich nach dem Übergang der Krim zu Russland in

Gangster-Manier Land auf der Halbinsel angeeignet haben, das vorher Ukrainern gehört hat. Ich spreche Dima darauf an. »Ich habe von so etwas gehört, ja. Aber wir haben für alles bezahlt, so viel kann ich sagen.«

Während meiner Tage bei Dima ereignet sich ein interessanter Besuch. Zwei der ältesten Weggefährten meines Vaters kommen vorbei, um »mal den Jungen von Sergej anzuschauen«, wie sie selbst sagen. Es sind zwei Männer, wie sie unterschiedlicher nicht sein könnten.

Wadim ist Maler. Seine langen grauen Haare hängen ihm ins dürre Gesicht. Alexander Dimitrewitsch Kaunow dagegen ist früherer stellvertretender Regierungschef der Oblast Tscheljabinsk, also in etwa ein ehemaliger Vize-Ministerpräsident eines Bundeslandes. Seine politischen Zeiten sind passé, heute ist Kaunow Geschäftsmann. Gemeinsam sind die beiden gerade in Moskau, weil sie unweit der Hauptstadt orthodoxe Klöster besucht haben. »Eingefleischte Atheisten« sind sie alle immer gewesen, hat mein Vater mir erzählt. Er selbst ist immer noch einer.

Ich habe von meinem Vater viel über Kaunow gehört, er war zur Wendezeit eine schillernde Figur in Tscheljabinsk. Seine großen Ambitionen haben ihn auch bis nach Moskau geführt. »Ich erkläre dir, wie alles war«, sagt Kaunow und schiebt seinen massigen Oberkörper aus der alten Offizierscouch hoch. Die Teetasse in seinen Händen wirkt wie Spielzeug.

Kaunow war Ende der Achtziger ein Pionier. Kein Pionier nach sowjetischer Reih-und-Glied-Manier, sondern ein kapitalistischer Pionier. Meinen Vater lernte er kennen und sie sich gegenseitig schätzen, weil sie die Sowjetmacht hassten. Als Gorbatschows Reformen erste marktwirtschaftliche Gehversuche ermöglichten, rannte Kaunow voraus. Er gründete die Firma »Praktik-Centr«. Dort heuerte später mein Vater an. Vorher hatte er als Ingenieur Panzer entwickelt, nun aber ergab sich die Möglichkeit, »etwas Sinnvolleres zu tun«, hatte mein Vater mir seine Motivation einmal erklärt. Vor allem verstörte es ihn, dass »in Tscheljabinsk die sowjetische Atombombe erfunden wurde, es aber in den Krankenhäusern nicht einmal Dialysegeräte gab«. So entwickelte mein Vater in der Wendezeit mit anderen Ingenieuren Medizintechnik – Kaunow aber strebte nach mehr.

1991 versuchte eine reaktionäre Junta, Gorbatschow und seine Reformer zu entmachten. Der Augustputsch scheiterte – für liberale Antikommunisten wie meinen Vater und Alexander Kaunow ein Festtag.

Doch schon 1993, als der vom Westen unterstützte Präsident Boris Jelzin und der reformfeindliche Kongress der Volksdeputierten um die Macht in Russland kämpften, fanden sich mein Vater und Kaunow auf unterschiedlichen Seiten der Barrikaden wieder. Mein Vater erklärt es mir nach meinem Gespräch mit Kaunow am Telefon: »Damals wurden uns die Ereignisse so präsentiert, dass die Kommunisten zurückkehren, wenn Jelzin verliert. Ich habe das auch geglaubt. Heute schäme ich mich dafür. Kaunow hat alles schneller verstanden.«

Aus dem liberalen Expresskapitalisten Alexander Kaunow war zwischen 1991 und 1993 ein Kämpfer gegen Jelzin und die nach westlicher Lesart liberal-demokratischen Kräfte geworden. »Die haben uns damals aus dem Weißen Haus geschossen«, erzählt Kaunow. Er sagt es nicht traurig oder besorgt. Er stellt es nur fest.

Das zentrale Ereignis der dramatischen Tage 1993 mit offiziell knapp zweihundert Toten war der Artilleriebeschuss des russischen Weißen Hauses, in dem sich die Jelzin-Gegner verbarrikadiert hatten. Wie diese Menschen dargestellt werden, hängt ganz vom politischen Standpunkt ab. Nach damaliger und vorwiegend westlicher Lesart wurden sie wahlweise als Nationalisten, Kommunisten oder Faschisten betitelt, auch wenn klar war, dass es sich um eine durchaus heterogene Gruppe handelte und keine ideologisch fest verankerte Guerilla. Kaunow war in diesen Tagen im Weißen Haus. »Dort waren gute Menschen«, sagt er und schaut mir eindringlich in die Augen. »Diese Jelzin-Bande hat uns da rausgeschossen.« Kaunow stellt seine Teetasse ab. »Dieser Putsch war der letzte Versuch, die verbrecherische Privatisierung und Plünderung Russlands zu stoppen. Das haben damals nur wenige verstanden.«

Der Mann, der in der Millionenstadt Tscheljabinsk die erste privatwirtschaftliche Initiative ergriffen hat, verteidigt wenige Jahre später nationalkommunistische Umstürzler. Diese rapide Desillusionierung mit Marktwirtschaft und Demokratie finde ich rekordverdächtig. Kaunow hat dafür auch beinahe mit seinem Leben bezahlt.

Als unter dem Oberbefehl Jelzins stehende Soldaten Kaunow und seine Mitstreiter zu fassen kriegen, wird es zappenduster. *Kommunjagi* werden sie von den Soldaten damals genannt, eine Beleidigung von Liberalen für vermeintliche Kommunisten. »Sie haben uns mit Fäusten und Gewehrkolben geschlagen«, erzählt Kaunow. Ihn selbst zerrten die

Soldaten dann ins Freie. Sie luden ihre Gewehre durch. Sie schossen.

Knapp über seinen Kopf.

Eine Scheinerschießung.

Heute sagt Kaunow: »Was wir seit 1993 in Russland erleben, dieses ganze Chaos, das ist eine Folge der falschen Privatisierung. Wer ein Haus schief baut, wird es immer richten müssen. Mit Waffengängen, mit einer leidensfähigen Bevölkerung, irgendwie ...«

Bei meinem Vater hat die Enttäuschung über die so lange ersehnte Freiheit westlichen Musters übrigens ebenfalls recht schnell eingesetzt, auch wenn sie nicht sofort zur Ablehnung des neuen Systems geführt hat. »Ich fand zunächst den Gedanken einfach toll, etwas zu entwickeln, das von den Menschen gebraucht wird. Das hört sich heute banal an, aber es war zu Sowjetzeiten eben nicht so«, erklärt er mir nach meinem Gespräch mit Kaunow weiter am Telefon.

Doch schon bald hätte er zu verstehen bekommen, wer und wann besser einen Koffer mit 50 000 Dollar erhalten sollte, wenn alle Genehmigungen für die neu entwickelten Medizingeräte reibungslos ausgestellt werden sollten. Der Kapitalismus im Osten hatte sofort eine Wild-West-Prägung.

Kaunow und Wadim müssen dann weiter. Weitere Klöster besuchen. Tatsächlich. Auf mich wirkt die Hinwendung dieser Männer zum Religiösen oder auch nur zum Slawischen etwas unpassend, wie der zu große Mantel, der Wadim um seine dünnen Schultern hängt. Es würde mich aber auch zu sehr reizen, meinen Vater mit ihnen zu einem Kloster fahren zu sehen.

Die nächsten Tage nutze ich, um Moskau zu Fuß zu erlaufen. Dima wohnt an der Station *Dostojewskaja*, der berühmte Schriftsteller wurde unweit geboren. Ansonsten ist die Gegend aber militärhistorisch geprägt. Außer dem bereits aus zu viel Nähe betrachteten Museum der Streitkräfte ist auch das Theater der russischen Armee ganz nah sowie der Ekaterininsky-Park. Dort hängen überall Plakate zur Feier des 70. Jahrestages des Sieges im Großen Vaterländischen Krieg. »Wir werden niemals vergessen!«, lautet die am meisten verbreitete Devise auf den feierlich rot geschmückten Aufstellern. Damit sind natürlich die Helden von damals gemeint, aber doch klingt es danach, als würde Russland nie über den Krieg und die Erinnerung an ihn hinwegkommen.

Auch in Dimas Wohnhaus, wo zu Sowjetzeiten nur Armeeoffiziere gewohnt haben, hängt ein Plakat. Dort heißt es: »Niemand ist vergessen! Nichts ist vergessen!« Daneben hängen sechs Bilder von Generälen, die so hoch dekoriert sind und mit so vielen Medaillen behangen, dass man unweigerlich glaubt, sie wären unter der Last ihrer Verdienste zu Boden gefallen in der Sekunde, nachdem der Fotograf auf den Auslöser gedrückt hat. Nur einer der sechs Männer trägt seine Orden eher dezent, es sind auch höchstens ein Dutzend und nicht die ganze Brust voll wie bei den anderen. Dieser zurückhaltende Kriegsheld, der da von einem Foto neben dem Aufzug in Dimas Wohnhaus gütig lächelt, ist Josef Stalin.

Der Leichnam des großen Generalissimus liegt noch immer an der Kremlmauer, unweit des Lenin-Mausoleums. Einige Jahre lag Stalins Leichnam neben Lenin im Mausoleum, bis

Chruschtschow im Zuge der Entstalinisierung die Verlegung verfügt hat. Nun befindet sich Stalin eben einige Meter weiter. Es scheint wie ein Symbol dafür, dass Russland bei der Aufarbeitung seiner Vergangenheit nicht gerade weit gekommen ist.

Auf den Roten Platz führt mich dann mein Weg, zum machtpolitischen Mittelpunkt Russlands. Vielleicht unterscheidet sich der Rote Platz deshalb so vom Rest des Landes.

Es sind viele internationale Touristen unterwegs, es fahren keine Autos in endlosen Kolonnen, niemand beeilt sich. Eingerahmt ist der Platz vom Kreml, dem Luxuskaufhaus GUM, der Basilius-Kathedrale und einem Museum. Weltliche und kirchliche Macht – und die Macht des Konsums. Alle herrschaftlichen Säulen auf einem Fleck.

Ein Vater sagt stolz zu seinem Sohn: »Das ist das Mausoleum, und dahinter ist der Kreml!« Der Junge fragt: »Und wo kaufen wir jetzt Eis?«

Wer kurz wegdöst, könnte aufwachen und den Roten Platz auch für den Pariser Platz in Berlin halten, direkt am Brandenburger Tor. Nur mit weniger Sowjetsoldaten. Diese Touristenbelustigung gibt es auf dem Roten Platz nicht.

Die meiste Aufmerksamkeit erregen sechs Frauen aus Südkorea. Sie sind alle um die fünfzig oder älter, tragen bunte Hüte und rosa oder rote Blazer und sind einfach extrem gut drauf. Sie hüpfen hoch, lachen laut, werfen sich durch die Luft Küsschen zu. Nachfragen nach der kriminell guten Laune bleiben erfolglos. Sie sagen, dass sie nichts verstehen, und hüpfen einfach weiter.

Moskau ist die einzige russische Stadt, die ich von vorherigen Besuchen etwas besser kenne. Ich gehe auf die Brücke, wo im Februar 2015 der Oppositionspolitiker Boris Nemzow erschossen wurde. Ich war schon dort, nach dem Mord, damals wehten dort russische Fahnen, waren Bilder aufgestellt, lagen Blumen. Vor allem die Flaggen waren wichtig, werden Oppositionelle doch von Nationalisten gerne als Vaterlandsverräter stigmatisiert. Es ist der Kampf darum, wer und was zu Russland gehört.

Auch an diesem Tag wird auf der Brücke, nur einhundert Meter entfernt vom Kreml, noch Nemzows gedacht. Nur die Flaggen sind weg. Ein alter Mann mit weißem Bart bewacht die Bilder und Blumen. »Ja, die Behörden wollen hier keine Russlandflaggen. Wenn hier welche hängen, und die Polizei kommt, fragen die, wem sie gehören. Wenn ein Aktivist sagt: Die Flaggen gehören mir, nehmen sie ihn mit. Wenn niemand sagt: ›Sind meine‹, nehmen sie die Flaggen mit!«

Dann fängt der Mann an zu schimpfen: auf Putin, die Regierung, Gott und die Welt. Ich ziehe lieber weiter.

Später bin ich wieder bei Cousin Dima zu Hause. Wir gehen noch einmal zusammen Fußball spielen. Dima hat einen harten Arbeitstag hinter sich, elf Stunden im Büro, »ganz normal«, wie er es nennt. Nur ich habe angesichts der russischen Hauptstadt und Dimas Arbeitspensums das Gefühl, aus dem sozialistischen Berlin ins kapitalistische Russland gefallen zu sein.

So genau weiß ich es nicht, aber ich glaube, Dima ist mit mir ins Museum geklettert, weil es ihm zu viel ist, die Arbeit, die Anstrengung, die Stadt. Einmal wieder Jungs sein, das wär's doch. Der Russe sucht doch immer weiter nach dem Loch im Zaun.

Mit Dima spielen wir dann Fußball, wie Jungs eben, im Park, gegen Mannschaften, die Sowjetrepubliken nachempfunden sind. Es gibt die Tadschiken, die Inguscheten und zwei russische Mannschaften, eine sportliche und eine, deren Torwart Bier trinkt, wenn gerade kein Ball auf ihn zufliegt. Und wenn einer auf ihn zufliegt manchmal auch.

Dima und ich kommen in einem gemischten Team unter, wir schlagen uns nicht übel, bis es spät wird und die Mannschaft des betrunkenen Torwarts aggressiv. Wir gehen dann. Am nächsten Tag habe ich noch eine Verabredung.

Der russische Oberfan Alexander Schprygin hat zugestimmt, mich zu treffen. Ich will von ihm wissen, wie er die Gewalt der russischen Hooligans in Frankreich rechtfertigt. Und eigentlich will ich herausfinden, ob sich der Westen und Russland mittlerweile wirklich so stark unterscheiden, dass eine Verständigung unmöglich geworden ist.

Alexander Schprygin kommt fünfzehn Minuten zu spät, schaut sich skeptisch um und geht dann zum Tisch. Leichter, fast angedeuteter Händedruck. Er setzt sich, checkt sein Handy, schaut nach vorne. Auf der Leinwand übernimmt Deutschland nach zögerlicher Anfangsphase gerade die Kontrolle über Frankreich im Halbfinale der Europameisterschaft.

Der Irish Pub, den Schprygin ausgesucht hat, ist gut gefüllt und riecht nach Malz und Chicken Wings. Draußen rauscht der Verkehr auf einer breiten Ausfallstraße im Süden Moskaus. Es regnet.

Schprygin ist Chef der russischen Fanvereinigung VOB. Seit der ersten Woche der Europameisterschaft, seit einige

Russen sich durch Marseille prügelten, seit die Nationalmannschaft wegen ihrer Fans fast aus dem Turnier ausgeschlossen wurde, seit Schprygin selbst erst aus Frankreich ausgewiesen wurde und dann Selfies aus dem Stadion vom nächsten Spiel postete, seitdem liegt vieles im Argen. Gefragt nach seinem EM-Fazit, so ganz persönlich und allgemein, sagt Schprygin: »Wir haben wirklich auf ein starkes Abschneiden unserer Mannschaft gehofft.«

Alexander Schprygin ist groß gewachsen, stämmig, er trägt an diesem Tag eine Regenjacke, aber vor allem fällt sein trauriger, ja melancholischer Gesichtsausdruck auf, der so gar nicht zum Verteidigungsminister der Hooligans zu passen scheint. »Das Stadion kenne ich«, sagt Schprygin und deutet mit seinem Kopf zur Leinwand, wo die Kamera durch die Zuschauertribünen im Stade Vélodrome von Marseille schwenkt. Er sagt das leise und ernst, wie er alles leise und ernst zu sagen scheint.

»Die Engländer haben provoziert, sie haben den Mittelfinger gezeigt, unseren Präsidenten beleidigt.« Schprygin hält inne. »Die Franzosen haben vier Sicherheitsleute zwischen die Blöcke gestellt.« Eine Pause. »Vier.«

Schprygin erklärt, er und der Fanverband hätten alles aufarbeiten wollen, am nächsten Tag, allerdings sei der Fanbus da von der Polizei aufgehalten und er ausgewiesen worden. Es ist eine Erklärung, die bei vielen in Westeuropa nur Kopfschütteln auslösen wird. »Die Hooligans wollten es machen wie in den guten alten Zeiten.« Schprygin hält wieder inne. »Zweihundertfünfzig von fünfzehntausend haben sich danebenbenommen.«

Dann erklärt Schprygin seine zweite EM-Bilanz: »Die russischen Hooligans sind jetzt die Nummer eins in Europa. Ich weiß nicht, ob das gut ist, aber es ist so.« Schprygin schaut, während er seine Landsleute zu Königen der dritten Halbzeit erklärt, nicht etwa triumphierend, sondern so, als würde er sich gerade an alle sechs Gegentore der Russen bei der EM gleichzeitig erinnern. »Im Stadion wurde die Mannschaft gut unterstützt. Das Spiel gegen England war leider noch das beste.« 1:1 war diese Partie ausgegangen, die beiden anderen Spiele verloren die Russen krachend.

Frankreich schießt das 1:0 gegen Deutschland, im Irish Pub bestellen alle in der Halbzeit noch mehr Chicken Wings. Schprygin schweigt lange und sagt dann aus dem Nichts: »Die französischen Polizisten küssen sich zur Begrüßung. Die küssen sich, so links und rechts.«

Es beginnt die zweite Halbzeit. Schprygin spricht.

»Auch die französische Polizei konnte es nicht glauben, aber Präsident der russischen Fanvereinigung ist mein bezahlter Hauptjob.«

»Schwarze könnten russische Nationalspieler sein, aber nur, wenn einer wirklich viel trifft, würden ihn alle Fans akzeptieren und lieben.«

»Wenn russische Spieler bei europäischen Top-Clubs Stammspieler wären, würde die Mannschaft profitieren.«

»Beim Gesang ist es manchmal schwer, mit englischen Ultras mitzuhalten, aber sonst sind wir ganz vorne dabei.«

»Die Deutschen machen gleich noch einen, und es geht in die Verlängerung.«

Schprygin sagt das alles, als hätte er auf eine Zitrone gebissen. Er selbst trinkt einen kleinen Orangensaft. Der Unterschied zwischen seiner Außenwirkung und der der russischen

Hooligans, die in Frankreich stets als ultrahart, ultraschnell und ultragewalttätig beschrieben wurden, ist wirklich so groß wie der zwischen Wales und Russland beim 3:0 im letzten Gruppenspiel. Es wirkt auch nicht gespielt. Alexander Schprygin redet, guckt und agiert defensiv. Es bleibt nichts anderes übrig, als ihn als einen Fan wahrzunehmen, der sich nach guten alten Hooligan-Attacke-Zeiten und einer spielstarken russischen Nationalelf sehnt. Oder es bleibt eben doch etwas anderes, nämlich seine vielen Gewalt relativierenden Aussagen. Sowieso scheinen viele russische Reaktionen auf die Randale der eigenen Hooligans von einer seltsamen Art von Gerechtigkeitsempfinden geprägt: Die westlichen Hooligans haben sich doch früher gegenseitig kaputt gehauen. Bei uns ist euer Früher eben jetzt! Warum sollen wir denn nun nicht dürfen?!

»Die Deutschen können beruhigt sein«, sagt er noch, gefragt nach der Weltmeisterschaft 2018. »Das wird die sicherste WM aller Zeiten. Die russischen Sicherheitsorgane haben alles unter Kontrolle.« Rechtsradikale seien ohnehin kein Problem in Russland, erklärt Schprygin, von dem einschlägige Fotos im Netz kursieren. »Das war früher. In den Neunzigern.« Er hält lange inne und schaut dabei zur Wand. »Damals waren Rechtsradikale und Hooligans zwei Seiten einer Medaille. Das hat die Polizei hart zerschlagen.«

Griezmann stochert irgendwann für Frankreich den Ball zum 2:0 ins Netz. Die Zuschauer sind darüber tendenziell eher traurig. Die Moskowiter sind also für Deutschland, während die Menschen auf der Krim noch gegen Deutschland waren. Ich habe keine Ahnung, warum das so ist. Schprygin trinkt seinen Saft aus.

»Im Endeffekt sind Hooligans überall gleich«, sagt er noch leise. Dann geht der russische Oberhooligan hinaus aus der Bar, in den Regen.

## 5. Der Westen: Die Fortsetzung

Mit zwölf Jahren trat ich 1994 in einen Schachclub ein, den SV Recklinghausen Springer-Süd. Auf seiner Website stellt er sich heute in kursiven Lettern vor als: »*Der Schachverein mit Pfiff.*«

Eigentlich hat das mit dem Schach nicht so zu mir gepasst, denn ich war zappelig und ein Fußballer, im Verein und in meiner Freizeit sowieso. Es hat aber irgendwie auch gut gepasst, denn viele Russen gingen damals in einen Schachclub. Ich hatte das Spiel, wie es sich gehörte, von meinem Vater gelernt.

Er hatte noch zu Sowjetzeiten Geschichten davon erzählt, wie sie auf der Arbeit Schachturniere veranstaltet hatten, bei seiner ursprünglichen Arbeitsstelle, einem staatlichen Rüstungsbauer.

In der Sowjetunion war es nicht ungewöhnlich, dass sich hochkulturell orientierte Menschen in Arbeitsbrigaden wiederfanden, wo sie einfache Tätigkeiten ausübten. Der Klassenfeind USA hatte den Asphaltdichter Charles Bukowski, der sich sein halbes Leben auf Postämtern verdingte. Die Sowjetunion setzte Wenedikt Jerofejew dagegen, der mit *Moskau-Petuschki* das meiner Meinung nach beste Werk der Gattung »hochwertige Alki-Prosa« verfasste und zwischenzeitlich als Heizer, Wärter und Monteur arbeitete. Ich komme darauf zu sprechen, weil ich dieses dürre und doch explosive Büchlein auf meiner Fahrt durch Russland als erste Reiselektüre ausgewählt hatte. Und weil Jerofejew exemplarisch für einen gebildeten und hochsensiblen Menschen steht, der vom damaligen System viel zu weit unten eingeordnet wurde, an falscher Stelle, der deshalb »das falsche Leben« gelebt hat, wie so viele ehemalige Sowjetbürger das später von sich behaupteten. Ich begriff erst viel später, dass diese Analyse auch für meinen Vater und viele seiner damaligen Freunde galt.

Natürlich waren sie ausgebildete Ingenieure und keineswegs so tief unten wie Jerofejew, aber trotzdem hatten viele von ihnen nach etwas anderem gestrebt. Sie hatten nicht wirklich Panzer entwickeln wollen, mein Vater beispielsweise wollte schon immer schreiben. Indem sie in einem sowjetischen Rüstungsbetrieb nach Dienstschluss geradezu konspirativ Schachturniere veranstalteten, holten sie sich einen Teil ihrer selbst zurück, der ihnen vom System ungefragt genommen worden war. Sie hatten lokale Spitzenspieler im Betrieb, die in der Region Tscheljabinsk zu den besten gehörten, und das in einem Schachland wie der Sowjetunion.

Was mir am Schach mit meinem Vater immer gefallen hat, war sein extrem offensives Spiel, obwohl ich ihn als Person meistens ruhig erlebte, geradezu introvertiert. Mit Weiß begann Papa meistens mit dem Königsgambit. Bei dieser Eröffnung opfert Weiß den ersten Bauern sofort zu Beginn, ungeachtet der Sicherheit des eigenen Königs ist das ganze Spiel ein einziger gewagter Angriff, der erfolgreich sein muss, um die Opfer zu rechtfertigen. Auf Profiniveau wird diese Eröffnung kaum noch gespielt, denn ein clever verteidigender Spieler wird mit Schwarz meistens den weißen Angriff ersticken und am Ende gewinnen. Mit clever hatte ich es aber damals noch nicht so. Und so verlor ich eine Partie nach der anderen, ärgerte mich, wurde besser.

Viele Jahre später kam mir einmal der Gedanke, dass mein Vater vielleicht nicht nur in seinem Beruf das falsche Leben gelebt hat, sondern auch bei seinem Naturell. Vielleicht war der wagende Hasardeur Sergej Afanasjew erst vom rigiden Sowjetsystem zum in sich gekehrten Ingenieur verbogen worden. Schließlich heißt es, dass das Schachspiel den wahren Charakter eines Menschen offenbart. Andererseits könnte dieser Gedanke auch zu weit gehen. Nicht alle küchenpsychologischen Weisheiten über Schach und das Leben müssen wahr sein.

In dieser Zeit kriselte es zwischen meinen Eltern. Ich versuchte mich nicht in die Details einzumischen, aber sie stritten sich oft. Irgendwann bekam ich mit, dass mein Vater, der ja erst zwei Jahre später zu uns nach Deutschland nachgekommen war, zu meiner Mutter sagte: »Ich bin wegen der Kinder gekommen, nicht wegen dir.« Das hatte Mama nachhaltig verletzt. Die beiden kriegten sich wieder ein, auf einer alltäglichen Ebene, so halbwegs, aber richtig gut wurde es zwischen ihnen nicht mehr.

Überhaupt wurde die zweite Hälfte der 90er-Jahre für unsere Familie zu einer Zeit, in der alles auseinanderdriftete. Mein Vater war in Deutschland, schaffte es aber nicht, die

Sprache zu lernen und sich zu etablieren. Ob es eine innere Verweigerung war, mangelndes Sprachtalent oder fehlende Anpassungsfähigkeit oder von allem etwas: Er lernte die Sprache jedenfalls nicht richtig, womit auch seine Chancen, weiter als Ingenieur zu arbeiten oder überhaupt einer qualifizierten Tätigkeit nachzugehen, gegen null sanken. Mein Vater driftete in die innere Immigration.

Meine Mutter hatte die Last, die gesamte Familie mitzuziehen, wobei sie immerhin auf ihre beiden Schwestern und ihre eigene Mutter setzen konnte, die schon vor uns ausgewandert waren. Sie alle gehörten zum deutschstämmigen Teil der Familie, waren also »nach Hause zurückgekehrt«, nach mehreren Generationen, die im Osten Zwischenstation eingelegt hatten, die den Zaren, die Kommunisten und die schwächliche Demokratie überlebt hatten. Diese angebliche Heimkehr betonten sie so oft, wie es nur Leute tun, die selbst nicht daran glauben, was sie da sagen.

Einmal hatte mein Vater gerade einen Job als Baggerfahrer angenommen, weit unter seinem früheren Niveau, aber etwas musste er doch tun. Bei einer Familienfeier setzte er sich demonstrativ im Blaumann und mit Bauarbeiterhelm auf die Couch, meine Tanten und Onkel lächelten verlegen. Es war sein stiller Protest gegen dieses Leben, das er nicht wollte und das ihm gleichzeitig die Kraft zu rauben schien, ein anderes Leben zu führen. Meine Mutter aber wurde zerrieben zwischen ihren »deutschen« Schwestern und ihrem russischen Ehemann, zwischen Nebenjobs und ihrer Kernaufgabe als Lasttier einer dysfunktionalen Familie. Meine Mutter driftete in eine konstante Überforderung.

Meine Schwester Olga ist acht Jahre älter als ich. Sie war

zu der Zeit damit beschäftigt, zu studieren und sich darum zu kümmern, eine neue Gruppe zu finden, zu der sie gehören konnte. Sie war überwiegend mit anderen Aussiedlern unterwegs, nicht allzu wild, es galt, eine neue Sprache zu lernen und sich zu adaptieren, um nicht die gleichen Probleme zu bekommen wie die eigenen Eltern. Meine Schwester driftete ins spätaussiedlerische Erwachsensein.

Ich hatte damals als Einziger keine Sprachprobleme mehr. Das Glück, als Kind eingewandert zu sein und es deshalb leichter zu haben, führte aber nicht zu besonderer Dankbarkeit gegenüber meinen Eltern, sondern eher zu Abwehrreflexen. Ich spielte Fußball, ich ging zur Schule. Ich hing mit Freunden herum und trank Bier, mit sechzehn, siebzehn Jahren, in einem Alter, in dem meine Eltern längst ein erwachsenes Bewusstsein von mir verlangten, weil sie dieses Alter in Russland so einschätzten. Ich driftete also ins Deutschsein – und damit weg von meiner Familie.

Es ist im Nachhinein schwer für mich, nachzuvollziehen, wie meine Eltern diese Zeit erlebten. Dass alles belastend für sie war, ist klar, aber ich war zu jung für ernsthafte Reflexionen. Vielleicht war ich auch zu sehr damit beschäftigt, so zu sein wie alle anderen, deutsch zu werden. Das gelang ganz gut, in der Schule lief es, im Fußballverein zumindest nicht schlecht, und alles andere schien erst später wichtig zu werden.

Mit etwa siebzehn hörte ich auf, davon zu träumen, Fußballprofi zu werden – und bald darauf ließ ich das mit dem Fußball komplett sein. Das lag nicht zuletzt daran, dass ich begonnen hatte, für die lokale Ausgabe der Westdeutschen

Allgemeinen Zeitung im Sportressort zu schreiben, und sich die Arbeits- und Anstoßzeiten überschnitten.

Schon vorher hatte ich den Schachclub aufgegeben. Mein Vater hatte mich häufig dorthin begleitet, aber er war nie richtig eingetreten. Er wollte nicht wirklich dabei sein, vor allem, weil er die Leute doch nicht verstand, wie er mir erklärte.

Einmal saß er neben mir, während ich ein wichtiges Pokalspiel absolvierte. Mein Gegner war älter und besser, aber ich hatte einiges Geschick darin entwickelt, im Mittelspiel aktiv zu werden und so mein mangelndes Sitzfleisch auszugleichen. Es lief auf ein Remis hinaus, ich hatte es angeboten, und mein Gegner dachte über das Angebot nach. Mein Vater aber glaubte, das Unentschieden sei schon beschlossen, und griff beherzt nach einer Figur, um mir einen verpassten Angriffszug zu zeigen.

Mein Gegner war außer sich – »Sie können doch nicht einfach ins Spiel eingreifen!« – und meinem Vater all das furchtbar unangenehm. Er entschuldigte sich tausend Mal. Zu oft.

Die Partie endete Remis. Mein Vater begleitete mich nie wieder in den Schachclub. Bald ging auch ich nicht mehr hin.

Mein Vater hat mit zehn Jahren seinen eigenen Vater bei einem Busunfall verloren, seine Mutter wurde kurz darauf zum Pflegefall. Ab da wuchs er mit seiner zwei Jahre jüngeren Schwester mehr oder minder elternlos auf. Sie bekamen zwar Hilfe von Verwandten, schmissen den Haushalt aber weitgehend alleine. Vielleicht ist das jetzt zu kurz gedacht, aber ich bildete mir manchmal ein, dass mein Vater deshalb stets alles daransetzte, ein guter Vater zu sein, selbst wenn alles andere gerade schieflief. Er wollte, dass ich es besser habe als er – und das hatte ich zweifelsohne auch. So hart diese ersten Jahre in Deutschland auch für ihn waren, so sehr profitierte ich davon, dass er da war. Als mein treuester Kritiker bei Fußballspielen, als Schachtrainer, als Nachhilfelehrer in Physik, als Vater.

Was mir im Nachhinein seltsam erscheint, ist die Tatsache, dass mein Vater nur zu dieser Zeit seines Lebens konsequent das tat, wozu er sich immer berufen gefühlt hatte: Schreiben. In der Sowjetunion hatte er nicht die Zeit und später in Deutschland nicht mehr den ausreichenden Drang, aber um die Jahrtausendwende schrieb mein Vater. Es waren zumeist Kurzgeschichten, die in den besten und traditionsreichsten russischen Literaturzeitschriften wie *Oktjabr'* und *Ural* erschienen und auch gebündelt als Buch.

Er schrieb von früher, von der Sowjetunion, die schon wenige Jahre nach ihrem Zerfall in den Köpfen der Menschen eine bemerkenswerte Karriere als die gute alte Zeit hingelegt hatte. Er schrieb auch über seine Integration, die gerade dabei war zu scheitern. Vielleicht auch deshalb, weil er dieses Scheitern literarisch verarbeitete, anstatt etwas daran zu ändern.

In der auf den nächsten Seiten folgenden Kurzgeschichte antwortet ein Ausgewanderter seinem russischen Neffen auf dessen Briefe. Der Neffe Sascha ist keine reale Person. Er steht für das Russland der 90er-Jahre – ein Land, in dem sich viele fragen, ob sie gehen oder bleiben sollen.

*Er zog hinaus in die deutsche Steppe...*
Von Sergej Afanasjew

Lieber Sascha,

dass Dein Brief mich im ersten Moment eher erschreckt hat, als mich zu erfreuen, will ich Dir nicht verhehlen. Der Briefwechsel mit Freunden und Verwandten ist schon lange zum Erliegen gekommen, und jeder Umschlag mit russischer Anschrift in meinem deutschen Briefkasten ruft eine unwillkürliche Nervosität hervor: Ob er mir etwas Schlimmes über mir nahestehende Menschen enthüllt? Zum Glück kam Dein Brief aus einem ganz anderen Anlass. Fragen, Fragen an mich als eingefleischten Emigranten... Lieber Neffe! Ich weiß nicht, ob Du Dale Carnegie gelesen hast, den Begründer des Positiven Denkens – in den 8oer-Jahren war er in Russland ziemlich populär –, aber in all Deinen »ich möchte mich mit Ihnen beraten...« oder »mit Ihrer tiefen Lebenskenntnis...« tritt der eifrige Schüler des berühmten Amerikaners deutlich zutage. Leider ist Dir der Scharlatan Carnegie keine Hilfe. Sei nicht böse, nur ist es nun mal so: Ratschläge über das große »Gehen oder Bleiben« wirst Du von mir nie erhalten. Deinem Onkel steht ohnehin eine schwierige abschließende Urteilsverkündung

im himmlischen Büro bevor, und Du bittest darum, dass ich mir noch eine weitere Sünde auf die Seele lade. Das macht mir Angst vor Gott, am Ende existiert er noch wirklich. Ich kann mir höchstens einen Kommentar zu dem rührendsten Abschnitt Deines Briefs erlauben, in dem Du nach der Bestimmung des Menschen fragst. »Ein Haus bauen, einen Sohn zeugen, einen Baum pflanzen« – dabei ist ja durchaus wichtig, in welchem Teil des Planeten man diese gottgefällige Mission erfüllt.
Ich denke, es gibt einen Unterschied. Sowohl einen ästhetischen als auch einen des Verfahrens.
Ich beginne mit »einen Sohn großziehen«. Wie dieser Prozess in der Heimat und in der Emigration abläuft, unterscheidet sich in vielerlei Hinsicht. Ich gehe mal auf den einzigen wirklich entscheidenden Punkt ein – »die tragische Umkehrung«. Während das Kind wächst, lassen die Eltern in seinen Augen nicht nur in physischer, sondern auch in geistiger Hinsicht nach. Und sei der Papa auch dreimal so genial und die Mama geradezu die Verkörperung des Verstandes und der Güte – dennoch lassen sie nach, denn während die Eltern anfangs für den Kleinen noch die ganze Welt darstellen, werden sie allmählich zu einem bloßen Teil derselben. Nun zum Tragischen daran: Die Emigration fügt diesem objektiven Prozess ihren Maßstabskoeffizienten hinzu, und nur ganz selten führt dieser zu einer Verbesserung – Du weißt, was ich meine – im Sinne der Erfolgsgeschichte vom Tellerwäscher zum Millionär. Vor uns liegt dann also »einen Baum pflanzen« – selbstverständlich auf deutsche Weise. Ich bin gerne bereit, Dir erschöpfende Informationen zu diesem Thema zu geben. Woher hat

sie Dein in seiner sowjetischen Vergangenheit geachteter Onkel? Erstens ist jede Arbeit unter den Bedingungen totaler Arbeitslosigkeit ehrenhaft, zweitens... weigere ich mich, diese Frage überhaupt zu beantworten, um mich nicht von Kleinigkeiten ablenken zu lassen. Lieber erinnere ich mich, wie ich in Russland meinen ersten Baum gepflanzt habe. Wir waren gerade in unser neues Haus neben der Traktorenfabrik umgezogen, und wir hatten einen freiwilligen Arbeitseinsatz zur Begrünung unseres Hofs; mein damals noch ganz junger Vater grub beherzt ein Loch für die Setzlinge, und ich half ihm mit meiner Spielzeugschaufel. Seither schmückt ein Baum unsere Einfahrt. Die Pappel ist heute ebenso hoch wie ein fünfstöckiges Haus... Ich unterbreche diese lyrische Abschweifung, denn hierzulande bin ich zum Pragmatiker geworden. Zum Beweis hier die streng dokumentarische Beschreibung der Prozedur, wie man im Wohnviertel eines deutschen Provinzstädtchens einen Baum pflanzt.

Zuerst das Ausheben einer Grube für den Setzling. Eine Skizze der Grube wird in Miniatur ausgeführt – vom Ausgräber, der daraufhin von Hand die streng festgelegten Maße für die jeweilige Baumsorte nachzeichnet.

Dann die Bewässerung. Um den Rand der Grube wird ein Ring aus speziellen Bewässerungsschläuchen gelegt. Hinzu kommt, mittels einer speziellen Ventilmuffe, ein T-Stück zum Anschließen eines Spezialschlauchs – ein Periskop, das an einer streng festgelegten Stelle aus der Abdeckung über der Grube hinausführt und mit einem speziellen Deckel verschlossen wird. Durch dieses »Periskop« kann man die Wurzeln des Baumes direkt gießen...

Nachdem die Vorbereitung abgeschlossen ist, kann die Firma, die den Baum setzt, zur grundlegenden Arbeit schreiten: dem Gießen, Düngen usw. In einem Jahr – nicht früher und nicht später – kann man dem Kunden den Baum übergeben.
Ich hoffe, ich habe Dich nicht zu sehr ermüdet. Ich gebe zu, ich bin selbst etwas geschafft. Deswegen lass uns den Punkt »ein Haus bauen« auf das nächste Mal vertagen, natürlich nur, wenn Du nach »einen Baum pflanzen« noch Fragen an mich hast.

Dein Onkel Nikolai Dmitriewitsch,
Bürger des Universums

\* \* \*

Lieber Sascha,

danke für Deine ausführliche Antwort auf meinen ziemlich übermütigen ersten Brief. Du hast recht: Um mit Dir über »ein Haus bauen« zu diskutieren, ist es noch etwas früh. Was Deine Frage angeht, wie es in Deutschland mit der Arbeit ist… Wenn man keine Angst vor uralten Witzen hat, würde ich am liebsten schreiben: Mit Arbeit ist es in Deutschland gut, ohne Arbeit schlecht. Man muss nicht gerade Hunger leiden, aber es ist unangenehm.
Der deutsche Arbeitsmarkt besitzt eine wunderbare kapitalistische Konfiguration mit ausgeprägten Gegenpolen. An einem davon, nennen wir ihn den südlichen, fühlen sich die Ärzte, Rechtsanwälte, leitenden Angestellten usw. ziem-

lich wohl. Nach meinen Beobachtungen haben nur diejenigen jungen Leute Chancen, an diesen sonnigen Pol vorzudringen, die fleißig lernen, auf die Älteren hören und täglich Morgengymnastik treiben. Da ich in jungen Jahren allerhöchstens eine dieser Bedingungen erfüllt habe (errätst Du, welche?), konnte ich leider nur am entgegengesetzten Ende einen Platz ergattern, am Nordpol des berüchtigten Arbeitsmarktes. Hier hat sich eine fröhliche Gesellschaft von Lumpenproletariern eingerichtet. Sie lassen sich von mittelmäßigen Firmen anwerben, die Erfahrung haben in dem Geschäft, billige und anspruchslose Arbeitskräfte an den Einzelhandel und die Industrie zu verkaufen, und zwar für jede beliebige Zeitspanne, die diese brauchen: Sei es nur für einen Tag oder für einen Monat. Gegen eine symbolische Bezahlung erfüllt die Arbeitskraft jene diversen Arbeiten, zu denen sich die verehrten hiesigen Bürger nicht hingezogen fühlen. Du musst zugeben, dass dies vernünftig und für alle bequem ist.

Den jeweils gewünschten Arbeitstätigkeiten können sogar die Arbeiter selbst positive Aspekte abgewinnen. Zum Beispiel die Fülle der Eindrücke. Fast jeden Tag findet man sich in einem anderen Unternehmen, in einer anderen Stadt wieder. Doch irgendwann werden es so viele Eindrücke, dass man an ihnen schier erstickt. In dieser Situation verhalten sich die Werktätigen unterschiedlich. Der eine feiert krank – das ist hier ganz einfach. Der andere kehrt in die Arbeitslosigkeit zurück. Ich habe mich gerettet mit der Sublimierung negativer Energie in schöpferische: Nach der Arbeit male ich Bilder. Aquarell, meistens Blumen und Blätter…

Es ist übrigens kein Zufall, dass russischsprachige Zeitungen in Deutschland voll von dichterischen Werken von Emigranten sind, die tapfer »Deutscher« auf »Umsiedler« reimen oder etwa »Freund« auf »treuer Freund«. Zur Verteidigung der Dichter muss ich anmerken, dass sie die russische Sprache nicht aus Bosheit, sondern gezwungenermaßen verhöhnen: Sie sind an einem solchen seelischen Zustand angelangt, dass das Poetisieren der äußeren Umgebung zu einer Lebensnotwendigkeit geworden ist, zur Bedingung für ihr Überleben. Es besteht die Gefahr, dass auch Dein Dir ergebener Onkel die örtliche Dichterkolonne vervollständigt. Noch ein paar Abenteuer an der Arbeitsfront, und ich sehe mich gezwungen, der prosaischen Rede vollständig abzuschwören, um das Hohe und das Niedrige in meiner hiesigen Existenz in einer gesunden Balance zu halten. Wir werden sehen. Vorerst komme ich zum Schluss. Es ist schon spät; morgen ist ein Arbeitstag, Aufstehen um vier Uhr morgens Ortszeit.

Dein Onkel Nikolai Dmitriewitsch, hingebungsvoller Arbeitsmensch.

P.S.: Bitte treibe regelmäßig Morgengymnastik.

\* \* \*

Verehrter Neffe,

Du hast mir zum runden Geburtstag gratuliert. Dafür bin ich Dir Dank schuldig. Ich schreie nicht, ich weine nicht, ich bereue nichts, ich schließe keine Sportwetten mehr ab. Entschuldige, ich bin schon wieder abgeschweift ... Über die eigentliche Prozedur der Jubiläumsfeier kann ich nichts Bemerkenswertes berichten. Die fortschrittliche russisch-deutsche Gesellschaft tat so, als würde sie mein Jubiläum ignorieren. Der Jubilar hörte im Gegenzug auf, sich zu den Fortschrittlichen zu zählen. Damit hatten sie gerechnet. Das Interessanteste geschah am Vorabend des festlichen Datums. Ich hatte einen Traum ... Ich träumte von der Verkündung der Lose und der dazugehörigen Namen. Der Croupier hatte Ähnlichkeit mit Jesus Christus, mein Los war eines von hundert, eines von vielen ... Kurzum, sie verwendeten eine abgenutzte Roulettescheibe mit Abweichungen und einem Zahlenzufallsgenerator. Es war primitiv, alles drehte sich im Kreis. Ein schrecklicher Traum: Die dauerhafte Wiederholung von Losen und Namen. Die halbe Nacht lag ich mit offenen Augen da, und dann ging es von vorne los ...
Nach diesen Albträumen war an Schlaf nicht mehr zu denken. Du kennst das aus diesen albernen sowjetischen Filmen: voller Aschenbecher, Sonnenuntergang in der beschlagenen, sperrangelweit geöffneten Fensterscheibe; vergeistigter Blick des Helden und ähnliche Regieeinfälle ... Und am anderen Tag ging es los mit den Merkwürdigkeiten, von denen Du schon von den Verwandten gehört hast. Lieber Sascha! In Wirklichkeit war alles ganz anders. In

Deutschland konnten wir einander einfach die primitive Arbeit nicht verzeihen, das Baggerfahren, das Schaufeln von Löchern im Erdgrund, die Schufterei in der Knochenmehlfabrik. Das ist der wahre Grund. Tatsächlich erhielt ich die Mitteilung über meine Entlassung aus der Leiharbeitsfirma just an meinem fünfzigsten Geburtstag. In diesem Zusammentreffen sah ich zwar keine Verhöhnung, aber unsere gemeinsamen Bekannten bewiesen vollkommenes Unverständnis für den Vorgang. Tatsächlich war und ist mein Dissens von jenem bestimmten Ausschnitt der westlichen Zivilisation eine Frage des Stils. Wie Du gemerkt hast, tendiere ich in letzter Zeit zur Poesie, sie tendiert jedoch nicht in meine Richtung. Das ist ganz normal. Hauptsache, man kommt sich dabei nicht in die Quere. Generell hat mich die Vereinigung mit dem Lumpenproletariat, den Massen, Anarchisten und anderen Ausgestoßenen der Zivilisation sehr verändert. Ich denke viel darüber nach, am meisten darüber, wie wir Deutschland verändern können. Wie man die ungeheuerliche Ungleichheit beseitigen kann, wenn einer bei Mercedes und ein anderer bei Opel ein Vorstellungsgespräch hat – oder erst recht in einer Knochenmehlfabrik. Können wir Ernst Thälmann und Rosa Luxemburg wirklich schon aus unserem Gedächtnis streichen, Lenin aus dem Mausoleum werfen, oder ist es dafür nicht zu früh?
Wenn ihr mich fragt, sage ich euch, dafür ist es zu früh! Ich war früher kein Kommunist. Es war mir schlichtweg nicht vergönnt, einer zu sein. Als ich mein Emigrantenkreuz durch das schlafende Europa getragen habe, musste ich alles, was früher war, auf einmal entbehren: Ich war

ohne Orientierung, ohne Halt, ohne Freunde, Freiheit und Osterbrot.
Ich sage: Da steht ein Tempel auf dem leeren Feld, das ist mein Leben – komme, was wolle.
Schreib mir wieder, lieber Sascha. Oder komm besser her, zu Besuch.

Dein Onkel Nikolai Dmitriewitsch

## 6. Auferstanden aus Ruinen

Jeder einzelne Schritt hallt lange nach in den Gängen der ehemaligen Uhrenfabrik von Uglitsch. Die Gänge sind fensterlos, und es ist in ihnen so gespenstisch still, wie es nur an Orten sein kann, die für gewaltige Menschenmassen gebaut wurden. Zehntausend Arbeiter haben hier früher Uhren gefertigt. Im Jahr 2009 wurde die Fabrik geschlossen.

Wer aber hineinlauscht in die Stille, kann von irgendwoher amerikanische Country-Musik hören, melancholisch und melodisch, aus längst vergangenen Tagen, Oh, Dear, My Dear!, gesungen von rauen, tiefen Stimmen. Noch ein, zwei, drei Schritte durch einen dieser endlosen Gänge, die Musik wird lauter – eine Tür steht offen. In dem Zimmer sitzt ein Mann in Schlabbershirt, der Bart ist unordentlich rasiert. Er ist umgeben von Mikroskopen, Lupen, Pinzetten und etwas schwerer Greifbarem: dieser ganzen Wucht sowjetischer Vergangenheit. »Kommunisten! Seid die Avantgarde im Kampf der Völker!«, steht auf einem roten Banner über seinem Kopf.

Sergej Wolkow kämpft auf den Ruinen der Planwirtschaft. Deshalb bin ich aus Moskau in die Kleinstadt Uglitsch gefahren. Als ich diese Reise vorbereitet habe, wollte ich allerhand typisch russische Geschichten aufgreifen, um das Land wirklich neu für mich zu vermessen. Mir fiel bald auf, dass die meisten russischen Erzählungen vom Niedergang handeln – und mit dieser im Westen dominanten Perspektive wollte ich mich nicht zufriedengeben. Denn natürlich gibt es in Russland genügend Menschen, die selbstständig etwas aufbauen. So hatte ich über Freunde Sergej Wolkow aufgetrieben.

Seine Geschichte ist eine über den verspäteten Untergang der Sowjetunion in einer Kleinstadt an der Wolga. Und über das paradoxe Verhältnis der Russen zu dem Staat, in dem sie leben. Im Grunde aber ist es eine Geschichte über einen Mann, der in einer verlassenen Fabrik Uhren baut und dabei auf seine Art mit der Zeit geht.

Wolkow nimmt eine Uhr von seinem Handgelenk und legt sie neben sich auf den Tisch. Weißes Ziffernblatt, schwarze Ziffern, keinerlei Schnörkel. Der Name – Indicator – ist unaufdringlich links neben der Drei platziert. Diese Uhr kostet 2500 Euro. »Russen haben Hemmungen, so viel Geld für ein heimisches Produkt auszugeben«, sagt Wolkow. »Aber wenn sie sehen, dass die Qualität stimmt, kann ich sie schon überzeugen.«

Sergej Wolkow baut und repariert Uhren, er stellt auch Zifferblätter her. Die Endmontage findet in Moskau statt. »Es ist zu staubig hier für Feinarbeiten, die Mauern sind alt«, sagt Wolkow und reibt dabei den Daumen und den Zeigefinger seiner rechten Hand aneinander, als würde sowjetischer Staub in einem fort von der Decke rieseln. Die russische Hauptstadt ist aber sonst nicht so Wolkows Fall. »Wenn ich nach Uglitsch zurückkomme, mache ich erst einmal die Augen zu und höre an der Wolga nur das Nichts, diese Stille.

Es dauert etwas, bis dieses Moskauer Grundrauschen verschwindet.«

Der 42-Jährige ist in Uglitsch aufgewachsen, seine Eltern haben beide in der Uhrenfabrik gearbeitet. »Tschaika« – Möwe – hieß sie, wie auch eines ihrer erfolgreichsten Modelle. Benannt nach dem Spitznamen von Walentina Tereschkowa, die 1963 als erste Frau der Welt ins All flog. Es war eine Zeit des Aufbruchs in der Sowjetunion.

»Ich war als Kind einmal bei einem Freund aus einer anderen Stadt und fragte ihn nach einer Pinzette. Er hatte keine da. Ich war sehr verwundert. Bei uns war in jedem Haushalt jedes mögliche Werkzeug«, sagt Wolkow. Kein Wunder, war doch jeder Dritte der 30 000 Einwohner in der Fabrik angestellt. »Besonders pünktlich sind die Leute hier nicht. Aber sie halten sich alle für Uhrenexperten.«

Nach der Schule arbeitete Wolkow zunächst als Restaurateur von Ikonen, lernte dann Goldschmied – um anschließend doch in der Uhrenfabrik anzufangen. »Mich haben immer viele verschiedene Sachen interessiert«, sagt er. Zwischenzeitlich kehrte er der Fabrik den Rücken, restaurierte Porzellan aus Zarenzeiten, verkaufte es an Touristen. Dann kam er zu Beginn der Nuller-Jahre in die Fabrik zurück. »Tschaika war damals schon komplett privat. Und komplett aus der Zeit gefallen. Die meisten arbeiteten noch ohne Computer. Wir haben hier im Keller noch Maschinen aus der Stalin-Zeit gefunden. Die Führung war einfach nur hilflos.« Als dann allen klar war, dass die Fabrik schließen würde, wurde sie geplündert. »Ich kann zeigen, wo in der Stadt geklaute Maschinen stehen, die Leute verstecken die nicht einmal mehr.«

Zunächst aber geht Wolkow mit schwingenden Schritten durch seine Werkstatt und zeigt, was dort so alles an den Wänden hängt. Zum Beispiel eine vergilbte Weltkarte, in der Stecknadeln anzeigen, in welchen Ländern er Partner hat – oder wohin er seine Uhren verkauft. In Asien sind einige Länder markiert, in Europa auch – und eine Nadel steckt auch in Kalifornien. Neben der Weltkarte hängen viele selbst gemalte Bilder, auf denen Soldaten schießen und bluten. Panzer gibt es auch, viele Panzer. Nichts geht in Russland ohne Panzer.

»Von meinem kleinen Sohn«, erklärt Wolkow, der verheiratet ist und zwei Kinder hat. Auf der Rückseite eines Bildes steht: »Der Hauptmann Denisow rettet seine Brigade vor den Nazis.«

Auch wenn Wolkows Weltkarte eine Stecknadel in den USA aufweist, auch wenn er Country hört und als eigenbrötlerischer Selfmade-Uhrenmacher vielleicht besser nach Kalifornien als an die Wolga passen würde, malt sein Junge Weltkriegspanzer. Russische Jungen aller Generationen machen das seit dem Zweiten Weltkrieg. Manchmal bleiben Uhrzeiger sehr hartnäckig stehen.

Uhren waren zu Sowjetzeiten etwas Besonderes. Das Land stand im Ruf, in der Rüstung Spitzenprodukte zu fertigen, seine Bürger aber mit zweitklassiger ziviler Technik abzuspeisen. Als ein großer Nachteil – vor allem im Vergleich zu den USA – galt die fehlende Fähigkeit, Ergebnisse der Rüstungsforschung auch zivil zu nutzen. Bei Uhren aber gelang der Sowjetunion vielfach genau das. Zunächst für militärische Zwecke erdachte Modelle wurden später zu besonders stabilen und präzisen Armbanduhren für die sowjetische

Bevölkerung. Poljot, Vostok und Raketa sind bis heute bei Sammlern beliebt.

Die Tschaika-Fabrik war früher »eine Stadt in der Stadt«, sagt Wolkow. »Hier wurden sowohl die Uhren als auch die Maschinen für ihre Herstellung gemacht. Im Grunde war das eine riesige Manufaktur.« So kam in Uglitsch eigentlich erst mit dem Niedergang der Fabrik das endgültige Ende des Kommunismus, der zuvor durch diese riesige Produktionsstätte Kontinuität garantierte. Der Preis, den die damaligen Besitzer am Ende für die Fabrik verlangten, betrug eine Kopeke.

Als die Fabrik abgewickelt wurde, machte sich Wolkow mit einem Partner selbstständig. Sie stellten komplizierte Ziffernblätter her, ganze Uhren waren in Planung, Maschinen wurden angeschafft, ein Raum in der verlassenen Fabrik angemietet. Die Mangelwirtschaft früherer Tage hatte aus den Sowjetbürgern Meister der Improvisation gemacht. Wolkow zeigt ein Gerät, das einen Klumpen durchsichtiger Masse präzise auf ein Metallplättchen herunterdrückt. »Ich habe von einem alten Mütterchen gelernt, aus Gelatine Silikon zu kochen«, sagt er und drückt einen Hebel, damit ein Arm des Geräts sanft auf ein Ziffernblatt runterfährt.

Doch die Mangelwirtschaft früherer Tage hat aus manchen Sowjetbürgern in den 90er-Jahren auch Meister der Gier gemacht. »Die Leute haben es nicht verstanden, wenn sie für einen investierten Rubel nicht sofort drei herausbekamen. Diese ganzen neuen Businessmen wollten nur schnelles Geld«, sagt Wolkow, und zum ersten Mal wird er etwas lauter. Die Zeit, von der er dann berichtet, muss schwer gewesen sein. Der Partner wollte aussteigen und sein Geld zurück, das sie für die Maschinen ausgegeben hatten, mit denen Wolkow arbeitete. »Der Typ, der mich abwickeln sollte, stand schon hier in der Werkstatt. Ich konnte selbst nicht glauben, dass wir uns am Ende geeinigt haben«, sagt Wolkow, als er die Werkstatt von außen abschließt.

Seit 2012 ist der Streit endgültig begraben, Wolkow selbstständig – und er beschäftigt sogar zwei Helfer, wenn er einen entsprechenden Auftrag hat. Dauerhaft anstellen kann er sie nicht, das sei zu teuer – und die russischen Steuerregeln würden Unternehmer wie ihn gängeln. »Unsere Gesetze wurden von Leuten geschrieben, die das Produzieren von Dingen für einen Fehler an sich halten«, sagt Wolkow. Er schmunzelt, weil er weiß, dass er übertreibt. Aber Russland macht es seinen Selbstständigen schwer. Darum will er mit seinem Betrieb ja nicht zu groß werden, »sonst versinke ich in Bürokratie und in Steuern«.

Viele russische Unternehmer melden ihre Gewerbe deshalb gar nicht erst an. Die Schattenwirtschaft wächst, seitdem das Land in eine schwere Rezession gerutscht ist und etliche Firmen Löhne kürzen und Angestellte entlassen. Wolkow aber will nicht in die Illegalität. Dafür ist er zu sehr Patriot. Er liebe sein Land, sagt er, aber trotzdem sei es in geschäftlichen Dingen besser, nicht allzu viele Berührungen mit dem Staat zu haben, nicht aufzufallen. Und Wolkow, der Kleinunternehmer am Ende des Ganges einer stillgelegten Fabrik, fällt nicht auf.

Für eine Stadt, deren größte Krise erst sieben Jahre zurückliegt, wirkt Uglitsch im Zentrum sehr aufgeräumt. Es ist ein idyllisches Bilderbuch-Russland, mit Zwiebelkuppeln und einer Wolga-Promenade mit gusseisernen Laternen. Uglitsch liegt im sogenannten Goldenen Ring nordöstlich von Moskau. Hier wurde 1591 Zarewitsch Dimitri ermordet, es begann die Zeit der Wirren – die Smuta –, und Truppen des Hochstaplers Pseudodimitri II., der sich kurzzeitig erfolgreich als Zarensohn ausgegeben hatte, verwüsteten die Stadt. Viel Geschichte also, aber in den 30er-Jahren, als die Tschaika-Fabrik gebaut wurde, »war hier nichts mehr«, sagen die Leute.

Heute halten Wolga-Dampfer in Uglitsch, Touristen können in einem Laden auf dem Steg Uhren erwerben. Allerdings ist, wie früher beim zweiten Pseudodimitri, vieles nicht echt. »Das ist beschämend«, sagt Wolkow, als er an einem Laden vorbeigeht. »In China hergestellter billiger Mist, auf den einfach der Name Uglitsch geklebt wird.« In den Auslagen mancher Geschäfte stehen Stanzmaschinen der ehemaligen Uhrenfabrik. Die von Wolkow erwähnten Plünderer nutzen sie als Dekoration. »Einmal habe ich einen zur Rede gestellt. Aber es macht heute keinen Sinn mehr.«

In der Gegenwart wird in Uglitsch viel gebaut. Wohnhäuser entstehen rund um die bereits mit viel Mühe restaurierten Kirchen. Es gibt auch einige Bauruinen. Das moderne Russland macht sich nicht die Mühe, alte Sünden auszubessern, sondern lebt scheinbar ebenso parallel zu seiner Vergangenheit weiter, wie russische Bürger wie Sergej Wolkow parallel zum Staat existieren. Vor allem in einer Kleinstadt wie Uglitsch, in der ein zügig fahrendes Auto Blicke auf sich zieht und sich die Menschen noch grüßen, fällt das auf.

Auf dem Weg zurück zu seiner Werkstatt zeigt Wolkow auf einige geschlossene Läden in der Stadt – sowie später auf manche auf dem Fabrikgelände neu eröffnete Werkstätten. Beides sei auch eine Folge der Sanktionen des Westens im Zuge der Ukrainekrise und der Annexion der Krim. »Eine Bereinigung« habe stattgefunden, so erklärt es Wolkow. Unrentable Geschäfte in der Stadt, Friseure und Kramläden, die von Frauen reicher Geschäftsmänner aus reinem Spaß geführt worden seien, hätten beispielsweise dichtgemacht. Dafür würden heute auf dem riesigen Fabrikgelände durch staatlich angeregte Importsubstitutionen wieder mehr technische und mechanische Erzeugnisse hergestellt. »Es klappt nicht alles, aber durch die Sanktionen ist tatsächlich mehr Bewegung reingekommen.«

Bewegung herrscht vor allem im vorderen Teil des riesigen Geländes. Nach hinten hin stehen Fabrikhallen und ehemalige Produktionsanlagen größtenteils leer. Leer, bis auf die Werkstatt von Sergej Wolkow, der dort meistens bis tief in die Nacht Maß nimmt, fräst und hämmert.

Es ist wohl auch kein Zufall, dass Wolkow, der staatsferne Patriot, von den russischen Realitäten immer näher an den Staat gedrückt wird – denn sein größter Auftrag kommt aktuell von der Regierung. Fünfzig Uhren soll er für ehemalige KGB-Agenten fertigen. Der Staat dankt verdienten Mitarbeitern. Als Basismaterial wird Wolkow Titan verwenden. Das passe zum Geheimdienst, findet er. Es ist zeitlos.

## 7. Von Äpfeln und Birken: Im Zug, zum Ersten

Aus dem Zugfenster fliegen die Birken nur so an mir vorbei. Birken in Russland. Wer hätte das gedacht?

Ich habe die Krim, Moskau und Uglitsch hinter mir gelassen. Die Insel, die Stadt und das Dorf. Als Nächstes steht ein Besuch bei Stalin auf dem Programm.

Genauer gesagt möchte ich den Mann treffen, der die erste Stalin-Statue im neuzeitlichen Russland in voller Größe aufgestellt hat.

Es fällt mir bisher schwer einzuordnen, ob mein Blick ins Land tief genug geht, ob ich hinter die Fassade blicken kann, vorbei an den ganzen Klischeebirken, die meinen Blick auf Russland verstellen könnten. Ob ich also die richtigen Ziele auswähle und mit den richtigen Menschen spreche. Ob es überhaupt die richtigen Menschen gibt, die stellvertretend für ein ganzes Land stehen. Ich weiß es nicht.

Vielleicht ist es schon so, dass der russische Mann aktuell irgendwo zwischen den beiden Polen changiert, die ich mit dem Oberhooligan Alexander Schprygin und dem Selfmade-Uhrenmacher Sergej Wolkow kennengelernt habe. Der eine ist ein melancholisch angehauchter Gewaltbruder mit der Sehnsucht nach der guten alten Zeit, bestimmt von Chaos, Nationalismus und einer zuweilen richtungslosen Energie. Der andere ist ein staatsferner Patriot, der das alte sowjetische Know-how in moderne Zeiten zu überführen gedenkt.

Und was macht aktuell die russische Frau so? Bei der Frage hinke ich noch hinterher. Sehr eindrücklich war aber meine Begegnung mit einer Frau in meiner ersten ganzen Nacht im Zug. Sie war etwa fünfzig, hatte eine Dauerwelle, sah müde aus und fuhr aus Moskau zu Verwandten ins Umland. Als ich ihr erklärte, dass ich in Deutschland lebe und quer durch Russland fahre, wurde sie spürbar schmallippiger. »Eure Sanktionen machen hier alles teuer. Sie versauen unser Leben! Wir haben euch Deutschen doch eure Wiedervereinigung gegönnt damals. Warum gönnt ihr uns unsere mit der Krim nicht?« Ich brachte einige Argumente gegen die russische Annexion der Krim, die üblichen, von der Verletzung des Völkerrechts über das undemokratische Referendum bis hin zu... Sie unterbrach mich: »Ihr tut immer so, als würden bei uns hier nur Wilde und Bären wohnen und bei euch... zeigen uns doch die Nachrichten, wie ihr von den Flüchtlingen überrannt werdet! Und dann heißt es, wir seien korrupt?! Wer eurer Merkel Geld bezahlt, damit sie die Flüchtlinge ins Land lässt, will ich gar nicht wissen.«

Ich schmunzelte angesichts so viel verschwörungstheoretischer Chuzpe der Frau, doch sie fand es nicht witzig. Giftig blickte sie zu mir und sagte abschließend: »Es ging uns eine Zeit lang gut in Russland, und das habt ihr im Westen nicht ertragen. Ihr habt uns das Leben kaputt gemacht.«

Lange schaute ich noch aus dem Fenster und schlief irgendwann ein.

Ich wachte auf und sah in das Gesicht der Frau. »Junger Mann, das können Sie doch nicht machen!«, sagte sie. Kurz glaubte ich, mich nun für jede einzelne Sanktion persönlich verantworten zu müssen – aber da zeigte sie auf mein Portemonnaie, das ich neben mich gelegt hatte. »Das klaut noch jemand!« Ich bedankte mich. Sie verließ das Abteil.

Kam zurück, schenkte mir einen Apfel.

Dann ging sie wieder.

Je weiter ich in den Osten komme, desto mehr werde ich als Vertreter des Westens wahrgenommen. In Moskau ist niemand überrascht, einen Westler zu treffen. Aber schon eine Tagesreise weiter in Richtung Sibirien sind ausländische Gäste rar.

Immer wieder telefoniere ich mit meinen Eltern. Bei den ersten Gesprächen knirschte es etwas, weil ich beispielsweise die Krim-Annexion immer als widerrechtlich bezeichne und das auch getan habe, während ich von der Halbinsel aus meine Eltern anrief. Aber mit der Zeit verschwinden unsere üblichen ost-westlichen Streitthemen aus den Gesprächen, da mein Vater nun häufiger an meinen Eindrücken als an meinen politischen Ansichten interessiert ist.

Als wir dann doch einmal über Politik sprechen, überrascht mich mein Vater mit kritischen Tönen. »Ja, es ist nicht gut, wenn ein Präsident so lange an der Macht ist. Zumal ein Präsident, der sich hart gibt, aber am Ende doch nichts gegen die Oligarchen und die soziale Ungerechtigkeit unternehmen kann.« Ich antworte: »Ja. Putin zündet außenpolitische Nebelkerzen, damit er sich nicht im Land selbst den Problemen stellen muss.« Doch das ist dann schon wieder zu viel, das Pendel hat zu weit ausgeschlagen. »Was bitte soll er denn tun? Der Westen zwingt ihn doch!« Mein Vater gerät über all die Staaten, die der Nato beigetreten sind oder von den USA dominiert werden, in Rage. Wir beenden das Gespräch an dieser Stelle.

Noch auf der Krim habe ich eine Reportage geschrieben, die von einer russischen Nachrichtenseite ohne meine Zustimmung ins Russische übersetzt worden ist. Unter dem Artikel finden sich nun viele Kommentare, die meisten beleidigen mich, da Russland ihrer Meinung nach zu schlecht wegkommt, weil ich die vielen Putin-Zitate am Wegesrand nicht wertschätze. Manche schreiben sogar, dass sie mich aufspüren werden, um meiner Reise durch Russland ein Ende zu setzen. Ein besonders eifriger Mensch hat sogar meine Mailadresse herausgefunden und lädt mich nun ein, mir »ein ganz besonderes Russland« zu zeigen. Auch wenn ich mir nur zu vier Fünfteln sicher bin, dass er mich verprügeln will, gehe ich auf dieses verlockende Angebot nicht ein.

Russland kommt mir nach meinen bisherigen Erfahrungen wie ein Land vor, das eine ungeheure Energie hat und nicht weiß, wohin damit. Die aktuelle Regierung und ihre Propaganda haben die Russen davon überzeugt, dass alle Länder und Regierungen dieser Welt schlecht und korrupt sind. Alle. Unabhängig davon, wie wahr das ist, macht dieses Paradigma das Leben schwer, denn es lässt nichts zurück, woran sich die Russen noch festhalten können. Nichts, außer ihrer eigenen Familie – und ihrer nationalen Identität.

## 8. Hallo, Mr. Stalin

Auf dem Umschlag der ausführlichsten schriftlichen Arbeit meiner Schulzeit sind zwei Männer abgebildet: Hitler und Stalin. Ihre Fotos sind auf eine Europakarte geklebt, auf der mit blauen und roten Linien Truppenbewegungen des Zweiten Weltkriegs eingezeichnet sind. Der Umschlag selbst ist rosa bis pink, wofür ich heute keine Erklärung habe.

Hitler stemmt den rechten Arm seitlich gegen seinen Körper, den er eine Spur zu aufrecht hält, als wäre er eine Parodie seiner selbst. Stalin schaut linkisch bis hintergründig, was zunächst etwas Märchenonkelhaftes hat, aber bei längerer Betrachtung Krabbeltiere über den Rücken des Betrachters jagt. Europa wirkt gegen die beiden nichtig.

Diese Facharbeit habe ich in der 12. Klasse im Geschichte-Leitungskurs geschrieben. Note: gut. Es geht um das Verhältnis der Bündnispartner Deutschland und Sowjetunion in den Jahren 1939 bis zum Beginn des deutschen »Unternehmens Barbarossa«.

Inhaltlich habe ich mich dort vor allem mit der Präventivkriegsthese beschäftigt. Nach dieser von der Geschichtswissenschaft widerlegten Theorie wollte Stalin seinerseits Hitler angreifen. Die massiven Verluste der Roten Armee zu Kriegsbeginn wären demnach nicht auf eine mangelnde Vorbereitung zurückzuführen, sondern auf eine falsche Vorbereitung: nämlich die auf einen Angriffskrieg.

Die Präventivkriegsthese gilt als geschichtsrevisionistisch, ihre Vertreter sind heute zumeist weit in der rechten Ecke zu suchen. Für mich waren solche Kategorien damals aber nebensächlich. Ich las einfach gerne die Bücher von Viktor Suworow, einem Schriftsteller, auf den mich mein Vater aufmerksam gemacht hatte. Suworow ist ein ehemaliger sowjetischer Geheimagent, der Ende der 70er-Jahre in den Westen floh und später als Autor Bekanntheit erlangte. Sein bekanntestes Werk ist »Der Eisbrecher«. Er verknüpft Abenteuergeschichten, eigene Erfahrungen und historisch-politische Thesen – eine Mischung, die ich damals aufregend fand. Endlich mal Geschichte ohne Staubkörner drauf.

Ich erinnere mich nicht mehr en détail an die Bücher Suworows, dafür aber an die Rolle Stalins in ihnen. Der Diktator erscheint keineswegs in solch rosaroten Farben, wie ich sie für den Umschlag meiner Facharbeit gewählt habe. Er ist eher der Typ *faszinierender Bösewicht*. Ausgestattet mit einem totalen Gedächtnis, kann er sich an alle Namen, Gesichter und Ereignisse erinnern, die ihm jemals untergekommen sind. Er ist zynisch, präzise, strategisch, und doch ist der Stalin aus Suworows Büchern sozial zurechnungsfähig und damit: menschlich.

Natürlich sprach ich mit meinem Vater über die Bücher. Er gab Suworow nicht rundherum recht, sondern betrachtete dessen Darstellung des Generalissimus sowie die Präventivkriegsthese als eine berechtigte mögliche Version der Ereignisse. Das erschien mir damals absolut verständlich.

Erst in den späteren Jahren bemerkte ich sowohl bei meinem Vater als auch in zahlreichen Darstellungen russischer Medien, wie die Verteidigung von positiven Errungenschaften des Kommunismus und die Verteidigung der Person Josef Stalins miteinander verschmolzen. Es ging nicht darum zu behaupten, Stalin hätte keine Verbrechen begangen. Sondern darum zu erklären, dass diese Verbrechen, die Millionen Deportierten und Toten, hässlich, aber doch notwendig waren auf dem Weg eines Agrarlandes zur Weltmacht.

Irgendwie war vor meinen Augen mit Stalin und dem Kommunismus das passiert, was in Russland irgendwann unweigerlich mit allen Dingen zu passieren schien: Ihre nüchterne Bewertung fiel dem brachialen ostigen Fatalismus zum Opfer.

Die Position, dass im Kommunismus zwar nicht alles schlecht gewesen, aber Stalin dennoch ein bestialischer Verbrecher war, scheint für immer mehr Menschen nicht mehr akzeptabel sein.

Die Wiederauferstehung Stalins als historisch-nationale Figur findet in Russland seit vielen Jahren statt, bei Stadtfesten, in Ausstellungen, auf Bühnen und in Büchern, befördert von staatlicher und privater Seite. Während unter Gorbatschow Menschen rehabilitiert wurden, die unter Stalin litten, scheinen heute jene an der Reihe, die für oder mit ihm gelitten haben. Alexander Gerassimow, Stalins persönlicher Haus-und-Hof-Künstler, wurde kurz vor meiner Reise nach Russland mit einer riesigen Ausstellung geehrt.

Während ich diese Zeilen schreibe, wird in Russland eine aufsehenerregende Umfrage des auch im Westen angesehenen Lewada-Instituts veröffentlicht. Demnach wird Stalin von achtunddreißig Prozent der Russen als »die herausragendste Person aller Zeiten« betrachtet. Abgesehen davon, wie sinnvoll solche Umfragen grundsätzlich sind, ist das doch ein denkwürdiges Ergebnis. Auf den weiteren Plätzen folgen bei den Russen übrigens der Nationaldichter Puschkin – und Präsident Putin.

Trotz all dieser merkwürdiger Heldenverehrung: Eine Stalin-Statue in voller Größe, die jemand zu Beginn des 21. Jahrhunderts aufstellt, ist selbst in Russland eine ganz besondere Nummer. Genau das ist etwa eine Tagesreise östlich von Moskau passiert.

Es ist allerdings nicht so, dass der frühere Diktator in dieser Gegend nur als Kultfigur reüssiert. Vor einigen Jahren gab es in der nahen Provinzhauptstadt Joschkar-Ola eine Ausstellung zum stalinistischen Terror. Dort wurden von der Menschenrechtsorganisation »Memorial« auch Zahlen genannt. 40 000 Menschen aus der Region waren von Stalins Repressionen betroffen – in der ganzen Sowjetunion waren es Millionen –, mussten also etwa Zwangsarbeit leisten oder wurden inhaftiert. 7000 Menschen aus der Region wurden erschossen.

Einen Vorgeschmack bekomme ich bereits am Busbahnhof von Kasan, von wo ich zu Stalin ins Dorf Schelanger reisen will.

»Die Statue? Ja klar haben wir davon gehört«, erklären mir Männer, die rauchend am Bahnhof sitzen. Ich will ihre Meinung dazu wissen.

»Na ja, dort in Schelanger ist eben Kommunismus. Das ist halt so.«

Aufgeladen mit dieser ordentlichen Portion russischem Pragmatismus setze ich mich in die hoffentlich richtige Marschrutka.

Die Fahrt dauert mehrere monotone Stunden. Lange gleiten wir über verstörend gute Straßen, und das so weit in der russischen Provinz. Ich bin schon fast etwas beunruhigt, irgendwas ist hier doch faul. Wer hat denn hier mitten ins Niemandsland eine deutsche Bundesstraße hingesetzt, solche Menschen führen doch sicher etwas im Schilde?! Irgendwann vernehme ich aber wieder das charakteristische Auf und Ab, ein Huckel, ein Schlagloch. Ahhh, gut, endlich stimmt die Realität wieder mit dem Bild in meinem Kopf überein, jetzt kann ich beruhigt einschlafen. Oder auch nicht. Denn ich bin da.

Vom Bahnhof mit seinen verrosteten Zügen einmal durch den Ort. Vorbei an der schmucken Kirche und dem aufgeräumten Denkmal für die Helden des Zweiten Weltkriegs. Dann noch einigen Schlaglöchern ausgewichen, und schon ist er da: Stalin. Er ist lebensgroß und steht auf einem Sockel. Der Generalissimus lächelt sein hintergründiges Lächeln, milde und böse zugleich. Er hebt grüßend die Hand. Es ist ein Gruß aus der Vergangenheit.

Aufgestellt hat die Statue im Jahr 2015 Iwan Kazankow, Chef der örtlichen Sowchose »Zwenigovskij«, also eines landwirtschaftlichen Großbetriebs, sowie der Kommunistischen Partei in der Region. Mit ihm habe ich mich hier verabredet.

Kazankow ist dreiundsiebzig, trägt die Haare sehr kurz und einen dunkelblauen Anzug. Etwas abgekämpft sieht er aus. »Wir haben Wahlkampf«, sagt er. »Die Statue habe ich als Fingerzeig aufgestellt, für die heutigen Eliten, damit sie wissen, an wen sie sich in schweren Zeiten wenden müssen.«

Kazankow bittet dann ins Verwaltungsgebäude der Sowchose, auf dem in riesigen Lettern *CCCP* steht – UdSSR. Unter dem Schriftzug prangen Hammer und Sichel. Willkommen in der Sowjetunion! Die Sowchose ist eine eigene Welt, in der 3300 Mitarbeiter Schweinefleisch herstellen. Davon ist im Verwaltungsgebäude aber wenig zu sehen oder zu riechen. Es ist penibel aufgeräumt, an den Wänden hängen Stalin-Porträts. Neben einem steht: »Unsere Sache ist gerecht. Der Sieg wird unser sein!« Kazankow bespricht sich auch gerne in einem Raum, der voller Porträts ist. Allerdings nicht von Stalin, sondern von Che Guevara. »Ach, meine Mitarbeiter, die haben ihre Vorlieben, Sie wissen schon...«, sagt er etwas verlegen.

Mit Kazankow über die Stalin-Statue und den Sozialismus der Neuzeit zu reden, ist nicht ganz leicht, er besteht auf einem Exkurs, in dem sowjetische Statistiken vorkommen – »unter Stalin entstand alle sieben Stunden eine neue Fabrik im Land!« – sowie militärische Heldentaten, Kursker Bogen, Stalingrad. »Wir brauchten einen Führer, und wir hatten ihn!«, sagt Kazankow und delegiert dann kurz einige Aufgaben an seine Assistentin. Ein guter Chef ist halt immer bei der Sache. Zum Stalinisten wurde Kazankow unter den Bedingungen der Marktwirtschaft. »Ich war elf, als Stalin starb. Wir hatten es sehr schwer. Damals habe ich nicht verstanden, warum alle weinen.«

Kazankow und seine Familie berappelten sich, wie das ganze Land. Er stieg in der Sowchose zum Leiter auf. Nach

1990 brachen die Vertriebskanäle zusammen, Kazankow schickte seine Mitarbeiter raus, suchte neue Abnehmer. »Dieses Land wurde fünfundzwanzig Jahre lang zugrunde gerichtet«, sagt Kazankow in seinem einfachen Russisch. »Wer in dieser Gegend selbstständig Landwirtschaft betreibt, ist ein Sklave seiner selbst. Er ist nicht konkurrenzfähig, muss auch arbeiten, wenn er krank ist. Ich sorge für meine Leute.« Kazankow ist sich seiner Sache sicher, auch beim Thema stalinistische Repressionen. »Es gab sie. Aber insgesamt überwiegt doch das Positive. Stalin hat einen Acker genommen und daraus eine Atommacht gemacht! Diese heutigen Demokraten machen aus dieser Atommacht wieder einen Acker!« Wenn selbst ein Sowchose-Chef vor der Ackerisierung Russlands warnt, muss er wirklich sauer sein. Über die aktuelle Regierung will er dann aber lieber nicht reden. Viel hält er von ihr nicht, das wird klar. Widerstand von den lokalen Behörden gegen die Statue gab es aber nicht, erklärt Kazankow. Sie steht auf Land, das der Sowchose gehört.

Kazankows Stimme wird nur einmal während unseres Gesprächs etwas düster, als er über seinen schweren Autounfall im Jahr 2008 spricht. »Unfall, ha«, sagt er und nennt dann den Namen seines politischen Widersachers, der diesen Unfall »organisiert« habe, weil er, Kazankow, sich vorgewagt und nach mehr politischer Macht gestrebt habe. Kazankow wurde zwei Mal in Freiburg operiert. »Ich bin wirklich dankbar. Die Deutschen waren sehr freundlich.«

Die Bewohner von Schelanger interessiert Politik wenig. »Ja, ist doch schön!«, sagt eine Frau, auf die Statue angesprochen. Eine andere: »Das ist mir egal.« Die Löhne in der Sowchose seien besser als woanders, der Zusammenhalt gut, der Chef fair, ist von allen zu hören, die am Verwaltungsgebäude vorbeigehen. Auf dem Parkplatz davor stehen viele neue Autos, viele Toyotas, auch einige deutsche Fabrikate. Unweit der Stalin-Statue ist auch Lenin als Büste zugegen, auf einer Wand werden die produktivsten Mitarbeiter mit gerahmten Porträts präsentiert. Banner verkünden sozialistische Weisheiten. Eine stammt von Kazankow selbst und trägt einen fast kapitalistischen Gedanken in sich: »Der Erfolg des Unternehmens hängt von jedem Einzelnen von uns ab!«

Am Ende führt Kazankow in ein Zimmer ganz oben im Verwaltungstrakt. Dort steht er wie ein Priester in seiner von ihm erbauten Kapelle, wie ein Mann, der sein Leben lang hart gearbeitet hat und am Ende tief religiös wurde, nur dass seine Religion Kommunismus heißt. Das Zimmer ist mit weichem Teppich ausgelegt, an der Wand hängen rote Banner und Fahnen. Sonst ist es leer. Zu einer Seite erlaubt eine weite Glasfront den Blick auf die Sowchose. Kazankow blickt von dort auf Hallen, Straßen, Strommasten. Dahinter ist Wald – und das moderne Russland. Bei Kazankow aber lebt die Sowjetunion.

## 9. Peruaner in Kasan

Da sitze ich in Kasan, der Hauptstadt der Republik Tatarstan, einst verwüstet von der Goldenen Horde und später von Zar Iwan dem Schrecklichen. Ich sitze also in diesem Zentrum des russischen Islam, der Schwelle zwischen Orient und Okzident, von der aus selbst tagelange Fahrten in eurasischer Weite enden, und sehe... einen peruanischen Flötenspieler. Mit buntem Federschmuck auf dem Kopf und authentischer Robe verstärkt er sein Flötenspiel elektronisch per Lautsprecher. Mystisch-inkongruente Töne mischen sich mit den Geräuschen anfahrender Autos auf der Hauptstraße hinter dem Peruaner. Was für ein Sound.

Die Bewohner Kasans interessiert all das mäßig. Nur ich bin etwas erschüttert. Wenn selbst hier der gleiche Flötenspieler Geld sammelt wie in Amsterdam und Paris... wo gibt es dann noch die andere, die irgendwie wilde Welt? Der Effekt wird verstärkt durch einen roten Bus schräg hinter dem Peruaner, auf dem »City Sightseeing Kazan« steht. Es ist der gleiche rote Doppeldecker, wie er auch durch Berlin kreist.

Hinter mir zieht sich die Baumannstraße, Flaniermeile für Fußgänger, zum Kreml von Kasan. Dort steht eine Moschee direkt neben einer orthodoxen Kathedrale. Auf diese

Nähe beider Religionen sind die Bürger von Kasan stolz. Eigentlich sind es sogar drei Religionen, denn eines der Tore zum Kreml trägt einen prächtigen sowjetischen Stern. Insgesamt ist Kasan sehr aufgeräumt, eine architektonische Sehenswürdigkeit reiht sich an die nächste in dieser tatarischen Schweiz.

Ich blicke wieder nach vorne, wo jetzt ein Mädchen zu den Flötenklängen tanzt. Der Peruaner blickt mit halb geöffneten Augen entrückt ins Licht, schließt seine Augen dann ganz und spielt weiter, als wäre er energetisch verbunden mit all den Flötenspielern überall auf der Welt, die gerade die gleiche Melodie spielen, oder als würde sein Geist irgendwo über Berggipfeln kreisen wie ein Andenkondor oder… der Mann ist einfach nur müde.

Ein Junge kommt auf mich zu, er trägt Brille, ist wohl höchstens fünf. Er sagt: »Da krabbelt etwas durch Ihr Haar.« Ich wische mir über den Kopf, bedanke mich und gucke wieder zum Peruaner, der ein Schild aufhängt, das auf Russisch sagt: »Armbänder mit ihrem Namen in fünf Minuten.«

Plötzlich steht der Junge wieder vor mir: »Es ist immer noch da. In Ihrem Haar. Da!« Er zeigt irgendwo auf meinen Kopf. Er dirigiert meine Hand, und ich schaffe es, das Ungeziefer aus meinen Haaren zu ziehen.

Dann fängt eine Frau an, zu den Flötenklängen zu tanzen. Sie ist sicher älter als fünfzig, hat kaum Zähne und tanzt sehr gekonnt. Wenige Minuten später setzt sie sich zu mir. Sie war früher Tanzlehrerin, erklärt sie. Sonst verstehe ich fast nichts von dem, was sie sagt. Was mich verstehen lässt, dass sie betrunken ist. Ich bin irgendwie sehr erleichtert. Es ist das gleich gute Gefühl wie auf meinem Weg zu Stalin, als die neue Asphaltstraße endlich der erwarteten Buckelpiste gewichen war. Denn zuvor habe ich in den zwei Wochen Russland fast keinen Betrunkenen gesehen.

Dass die junge, urbane Bevölkerung in Russland entgegen allen Klischees weniger trinkt als vergleichbare Städter in Westeuropa, wusste ich schon. Dass es ab dreiundzwanzig Uhr keinen Alkohol mehr in Supermärkten zu kaufen gibt, ist mir neu. Aber diese ganz große Nüchternheit überrascht mich bei dieser Reise doch. Deshalb: Danke, du zahnlose Tänzerin.

## 10. Mein wilder Osten

Es gibt ein postsowjetisches Gebiet, das auch ohne Stalin-Statue aussieht wie eine Projektion aus der Vergangenheit. Die Sowjetunion der 80er, abgezäunt und schockgefroren. Ein Ort ohne tickende Uhren. Tschernobyl, die Todeszone.

Ich war im Frühling 2016 dort, um dreißig Jahre nach dem Unglück eine Reportage über das Leben in einem Gebiet zu schreiben, in dem es eigentlich kein Leben mehr geben durfte.

In der Ukraine war ich zuvor schon häufiger gewesen, als Reporter und als Reisender. Im Grunde hatte ich die Ukraine kennengelernt, bevor ich Russland richtig kennenlernte, zumindest als Erwachsener.

Doch das hier war nur formal die Ukraine, die passieren musste, wer ins apokalyptische Postsowjetistan wollte. Vor allem seit dem Euromaidan 2013 wird erneut erbittert darüber gestritten, woher der Landesname Ukraine kommt, da die ostslawische Wurzel *krai* sowohl Rand als auch Gebiet bedeuten kann und die Ukraine so je nach politischer Gesinnung entweder zu einer Landschaft am Rande wird oder zu einem selbstbestimmten Gebiet.

Je näher wir Tschernobyl kamen, desto seltsamer erschienen mir solche Debatten, wahrscheinlich, weil die Todeszone zwar in einer Grenzregion liegt – im Dreiländereck Ukraine-Russland-Weißrussland –, aber etwas ganz anderes verkörpert. Etwas Entgrenztes.

Mit vier anderen Journalisten fuhr ich in einem von innen prätentiös verspiegelten Mercedes-Transporter aus Kiew los. Dieser Transporter machte den Eindruck, als würde er sonst als Drehort für Erwachsenenunterhaltung dienen oder von ukrainischen Partymädchen genutzt, die Papas Geld raushauen und sich von Club zu Club kutschieren lassen. Aufdringliche neonfarbene Leuchtdioden zogen sich an der Decke entlang, und die allzu vielen Spiegel warfen schonungslos jeden Blick zurück. Seltsam, aber ein Porno-Mobil zwingt zur Selbstbetrachtung.

Ich schaute in mein übernächtigtes Spiegelbild und dachte darüber nach, warum ich immer wieder in der Ukraine gelandet war.

Als Jugendlicher wollte ich ganz konformistisch sein, einfach wie alle – und mit meiner Herkunft, ja mit diesem ganzen Ostzeugs überhaupt nichts zu tun haben. Irgendwann hatte es mir der Balkan angetan, bevor ich weiter ostwärts vorstieß. Die Ukraine war die geografisch näher liegende, günstigere, per Ferndiagnose auch nettere Variante des riesenhaften, schwer verdaulichen Russlands. Es war der erreichbare wilde Osten.

Außerdem hatte meine Familie vielfältige Bande in die Ukraine. Mein Vater hatte oft von seinen Dienstreisen nach Charkiw geschwärmt, einer bedeutenden sowjetischen Industriestadt.

Wir alle waren zusammen auf der Krim im Urlaub.

Und die deutschstämmigen Eltern meiner Mutter waren in einem Gebiet aufgewachsen, das heute zur Ostukraine gehört, bis sie auf ein Dekret von Stalin hin hinter den Ural getrieben wurden. Sie hätten dem selbst ernannten *Genius der Menschheit* sicher kein Denkmal gesetzt.

Je näher wir kamen, desto schlechter wurde die Straße, desto schiefer standen die Häuser in der Gegend herum, desto weniger Autos waren zu sehen. Wir passierten an diesem klaren, sonnigen Tag einen Checkpoint und kamen in einem Gebiet an, das in der wörtlichen Übersetzung aus dem Russischen *Zone der Entfremdung des Tschernobyler Kernkraftwerks* heißt. Zone der Entfremdung, Sperrzone, Todeszone, DIE Zone... das Gebiet um den havarierten Reaktor 4 des Kernkraftwerks Tschernobyl trägt viele Namen, doch ich erlebte es vor allem als Zone des unbedingten Heldentums. Der sowjetischen, postnuklearen, radikalen Heldenverehrung.

Nachdem wir mehrere Weltkriegsdenkmäler passiert hatten, kamen wir zu einem neueren Monument. Es zeigte Feuerwehrleute, die 1986 den brennenden Reaktor zugeschüttet und dafür oft mit ihrem Leben bezahlt hatten: die Liquidatoren. Die Gesichtszüge der Männer aus Beton waren vor Anstrengung verzerrt, sie glichen den Soldaten der Weltkriegsdenkmäler, nur die Gewehre waren durch Feuerwehrschläuche ersetzt worden. Auf einer Tafel darunter stand: *Jenen, die die Welt gerettet haben.*

In der Zone schufteten Arbeiter, um den neuen Sarkophag fertigzustellen, da der 1986 in größter Eile gebaute alte Betonsarg über dem havarierten Reaktorblock einzustürzen drohte. Außerdem wurde ein Silo für radioaktiv verseuchtes Benzin gebaut, bei dem niemand wusste, wohin damit, nur dass es nicht in den Boden sickern sollte. Es wurde also abgesichert, gestützt, instand gesetzt, am Einsturz gehindert. Kurzum, es brauchte mehrere Hundert Männer, die dafür sorgten, einen dreißig Jahre zurückliegenden Unfall nicht völlig aus dem Ruder laufen zu lassen. Die meisten dieser Männer trugen Militärkleidung. Manche von ihnen gingen betont aufrecht, ihre Pose hatte etwas von jener Pose der Helden aus Beton – der Weltkriegshelden ebenso wie der Helden der Bewältigung des Atomunglücks. Sie waren die Nachfolger von jenen, die die Welt gerettet haben, und sie retteten täglich weiter.

Andere Arbeiter aber schlichen mit gesenktem Kopf umher, des Rettens müde geworden, gezeichnet von der Zone oder von ihrem Leben davor, das sie genötigt hatte, eine Anstellung an einem solchen Ort zu suchen. Ich sprach mit einem dieser Arbeiter, der in Sichtweite des Reaktors Kette rauchte und dann die Kippenstummel zertrat, bis sie zu Staub wurden. »Ich hatte nichts mehr im Leben. Und in der Zone kriegt jeder Arbeit.« Er steckte die nächste Zigarette zwischen seine grauen Lippen. »Wir sind zwei Wochen hier und werden dann für zwei Wochen rausgefahren. Wegen der Strahlung.« Natürlich wollte ich wissen, wie er es aushielt. »Tagsüber geht es. Aber abends ist es finster. Es gibt hier dann nichts mehr. Noch nicht einmal Straßenlaternen.« Er sagte es mit düsterer Stimme und fügte hinzu: »Frauen. Frauen gibt's hier auch keine.«

Außer den Arbeitern gab es in der Zone noch eine zweite zahlenmäßig bedeutende Gruppe von Menschen. Um es dem Betrachter nicht so leicht zu machen, bestand auch diese Gruppe vor allem aus Männern in Militärkleidung zwischen dreißig und vierzig. Auch bei ihnen handelte es sich keinesfalls um Soldaten, sondern überwiegend um polnische und tschechische Untergangstouristen. Individualreisen in die Zone sind verboten, aber im Rahmen organisierter Touren darf jeder kommen.

Es war wirklich faszinierend zu sehen, wie viele Slawen in die Ukraine fuhren, um in Camouflage durch Ruinen zu ziehen, sich abends schwer einen anzutrinken und dann jedem, der es nicht verhindern konnte, zu erzählen, wie »heftig« all das wäre.

Am Rande der Zone geriet ich abends in einem kleinen Supermarkt in eine solche Gruppe tschechischer Pseudo-Soldaten. Ein Hüne mit nuklear anmutender Fahne erklärte mir begeistert und auf Deutsch, wie sie Stunden zuvor ihren Tourguide für nur fünfzig Euro dazu gebracht hätten, sie in besonders stark verstrahlte, verbotene Bereiche der Sperrzone zu bringen. Dabei legte er immer wieder aufdringlich seine Hand auf meine Schultern und sagte mehrfach »wir in Zentraleuropa...«, wie um seine Tschechen und »meine« Deutschen über die primitiven Ukrainer zu stellen.

Der ukrainische Verkäufer hörte die ganze Zeit mit, und mir wurde es so unangenehm, dass ich irgendwann stumpf bemerkte: »Ich dachte ja immer, Tschechien liegt in Osteuropa.« Dieser kurze Satz wurde von den Pseudo-Soldaten als Frontalangriff gewertet. Sie pöbelten herum, der Hüne schrie irgendwas auf Tschechisch, er spuckte beim Reden.

Der Verkäufer schmunzelte.

Dann wurden einem der Tschechen seine besoffenen Freunde wohl peinlich. Kommentarlos kaufte er Räucherfisch und überreichte ihn mir. Mit dem Fisch in der Hand stand ich dort herum. Die Tschechen verließen den Laden.

Ich fragte den Verkäufer, wie er die Touristen sehen würde. »Mir ist egal, wer kommt. Vor dem Maidan kamen überwiegend Russen. Heute eben Polen, Tschechen, Slowaken. Die Russen waren nicht so überheblich. Aber die haben sich auch oft schlecht benommen. Einfach so. Die brauchen dafür keinen Grund.«

Ich wollte dem Verkäufer dann den Fisch schenken. Aber einem Fischverkäufer Fisch schenken, erschien mir dann doch zu bescheuert.

Mit unserem kleinen Trupp von fünf Journalisten – drei Ukrainer, ein Deutscher und ich – fuhren wir dann unter Aufsicht unseres Fremdenführers Anton durch die Geisterstadt Pripjat. Ein großer Teil der Faszination dieses Ortes rührt sicher daher, dass er so wirkt, als hätte der von zwei Nachkriegsgenerationen so lange befürchtete Atomkrieg wirklich stattgefunden. Ein Spaziergang durch Pripjat ist wie eine Wanderung durch die TV-Dokumentation »Die Erde nach dem Menschen«. Plattenbauten bleiben noch recht lange in Form, der Beton hält, während der Asphalt der Straßen sich recht schnell Gras, Wurzeln und Ästen geschlagen geben muss. Aus den Platten wurde schon vor vielen Jahren alles geplündert, was einen Wert hatte. Also alles, wirklich alles – außer kaputten Sofas und Spanplatten.

Menschen, die in der Todeszone wohnten, wurden Selbstsiedler genannt, etwa einhundertachtzig gab es. Früher wurden sie von den Behörden drangsaliert, da sie offiziell alle hätten gehen sollen. Irgendwann gaben die Beamten auf und duldeten diese überwiegend sehr betagten Babuschkas – Männer gab es unter den Selbstsiedlern so gut wie keine. Einer der wenigen, die ich erspähte, weigerte sich, mit mir zu reden. Tourguide Anton sagte ihm, dass Journalisten aus Deutschland da wären. Der alte Mann erklärte daraufhin, dann würde er erst recht nicht mit mir reden. Es täte ihm leid, aber eigentlich auch nicht, denn er hätte im Zweiten Weltkrieg unter den Deutschen gelitten und würde nun nicht einsehen, in hohem Alter seine Meinung über irgendein Volk noch mal zu ändern.

Das alles sagte er inmitten halb verfallener Häuser, unweit eines havarierten Atomreaktors, in einem Gebiet, das noch verstrahlt sein wird, wenn die heutigen Staaten nur noch in Geschichtsbüchern existieren. Die Betonung von Nationalitäten an einem solchen Ort erschien mir absurd. Ich, Nikita Afanasjew aus Tscheljabinsk, konnte doch unmöglich von diesem alten Mann mitten im nuklearen Nirgendwo zu einem Deutschen erklärt und abgewiesen werden.

Doch, doch, das würde schon gehen, erklärte mir dann Fremdenführer Anton bestimmt. Ich hatte keine andere Wahl, als zu akzeptieren.

Die Reportage, für die ich gekommen war, schrieb ich letztendlich über Baba Walja, eine Siebenundsiebzigjährige, die ihr ganzes Leben in Tschernobyl verbracht hatte. Ihr Mann war an den Folgen des Unglücks gestorben, ihre Kinder weggegangen. Sie wohnte alleine, in einem kargen

Haus, unterstützt nur von ihrer Hündin Dana. Baba Walja bot uns Schnaps an, Selbstgebrannten, von ihr persönlich angerührt, mit dem Wasser aus der Todeszone. Ich saß neben ihr, war also als Erster an der Reihe und dachte mir, dass wir alle da jetzt gemeinsam durchmüssten, ablehnen wäre kaum drin. Ich trank also. Ein ganzes Glas. Die Ukrainer nach mir lehnten alle mit großer Selbstverständlichkeit ab. Später im Porno-Mobil sagte mir ein ukrainischer Fotograf, das sei ganz schön »heftig« gewesen, dass ich so etwas getrunken hätte. Ich wusste nicht, ob ich lachen oder mich doch lieber übergeben sollte.

Ansonsten beeindruckte mich Baba Walja mit ihrer Nibelungentreue zu ihrer verseuchten Heimat. Zwei Mal hatten die Behörden ihr Haus – mit allem, was sie besaß – dem Erdboden gleichgemacht, weil sie nicht verantworten wollten, dass noch jemand in der Zone blieb.

Baba Walja hatte warme Augen, ihre Hände waren etwas aufgequollen. Sie führte sie zusammen und sagte: »Manche Ömmerchen haben sie umgesiedelt, in Nachbarstädte, in Plattenbauten. Die sind dann reihenweise aus dem Fenster gesprungen. Aus Verzweiflung. Ja. Die Ömmerchen kannten aus dem Dorf doch nur das Erdgeschoss.«

Ich glaube, mich beeindruckte Baba Walja mit ihrer Heimatliebe auch deshalb so, weil ich keinen Ort habe, zu dem ich vergleichbare Gefühle entwickeln könnte. Weder meine russische Heimat Tscheljabinsk noch das Ruhrgebiet fühlen sich so an, alleine schon, weil sie zu zweit sind. Ich habe es immer so empfunden, dass meine Heimat überall dort ist, wo ich gerade bin. Wodurch sie natürlich auch nirgendwo ist.

Später hielt unser Porno-Mobil noch an einem Kühlturm. Er hätte Reaktor 5 auf die nötige Temperatur gedrosselt, wenn dieser jemals fertiggestellt worden, wenn Reaktor 4 nicht explodiert wäre, wenn es nicht diesen fatalen Unfall gegeben hätte, die Tausenden Toten und den beschleunigten Untergang des sowjetischen Riesenreichs.

Unten hätte ein ganzes Fußballfeld in den Turm gepasst, oben hingen noch Baugerüste, erstaunlich hartnäckig, nach dreißig Jahren. Im Inneren hallte jedes Geräusch wie in einem auf eine Orgel abgestimmten Kirchenschiff. Die drei ukrainischen Journalisten stimmten spontan die Nationalhymne an – »noch ist die Ukraiiiiine nicht gestorben!« –, es hallte in den Himmel über Tschernobyl. Sie brachen dann in schallendes Gelächter aus. Es war kein national erhabener Moment, sondern ein lustiger. Heimat ist ernst, aber sie ist auch eine, wenn man über sie lachen kann.

Je häufiger ich in die Ukraine fuhr, desto mehr schien es mir das Schicksal dieses Landes zu sein, dass alle anderen sich an ihm abarbeiteten. Die Russen mit ihrem Großmachtstreben. Die Osteuropäer mit ihren Minderwertigkeitskomplexen. Und der Westen mit seiner Überheblichkeit.

Ich glaube aber trotzdem, dass niemand früher hätte wissen können, dass es in der Ukraine einmal eine die Verhältnisse umwälzende Revolution gibt, dass die Krim an Russland verloren geht, dass es im Osten Krieg gibt mit einer fünfstelligen Anzahl an Toten – und dass sich an der Ukraine der Konflikt zwischen Ost und West derart zuspitzt, dass die ganze Welt ein weniger sicherer Ort wird.

In den postsowjetischen Ländern gab es natürlich schon immer sehr viele Menschen, die all das wussten, angefangen bei den Taxifahrern, aber die zählen nicht so richtig, denn (Kultur-)Pessimismus ist in diesen Breitengraden einfach die vorherrschende Glaubensrichtung.

Für mich persönlich war die Ukraine vor der Revolution 2013 aber weniger eine Projektionsfläche für geostrategische Polit-Geplänkel als einfach eine dysfunktionale, verschrobene und deshalb verdammt interessante Erfahrung. Ein Land, das so geblieben war, wie ich mir das Russland der 90er Jahre vorstellte, wie es mir auch von Menschen geschildert wurde, die damals dabei waren. Ein tragikomischer Mafiahort.

Sehr prägnant war das Jahr 2010. Ich arbeitete mit einem Stipendium zwei Monate bei *Zerkalo Nedeli* (*Spiegel der Woche*), dem ukrainischen Gegenstück zur deutschen Wochenzeitung *Die Zeit*; mit Preisen überhäuft, westlich inspirierten Freiheitsidealen verpflichtet und an die bürgerlich-liberale Elite des Landes gerichtet.

Ich war gerade erst mit dem Studium fertig, hatte vielleicht einige Male zu oft *Fear and Loathing in Las Vegas* gesehen – mit Johnny Depp als zugedröhntem Gonzo-Reporter Hunter S. Thompson – und eine recht gesellige Vorstellung davon, wie ein Land journalistisch zu erkunden war.

Bei *Zerkalo Nedeli* saß ich mit gleich zwei Männern in einem Büro, die ebenso wie mein Vater hießen: Sergej. Zwei Vorzeigejournalisten, zwei Intellektuelle, aber auch zwei ausgesprochene Patrioten. An meinem ersten Tag erzählte mir einer der Sergejs, was seiner Ansicht nach der große Unterschied zwischen Russen und Ukrainern wäre. Die Ukrainer als arbeitsames Volk würden Werte wie Ordnung und Fleiß hochhalten, während ethnische Russen, nun ja, per se faule Idioten wären.

Das Peinliche für mich war in diesem Augenblick noch nicht einmal, dass dieser sonst durch und durch gebildete Mann seine Theorie für irgendwie originell hielt. Sondern dass ich sie unter umgekehrten Vorzeichen schon so oft gehört hatte, wenn Russen auf Ukrainer schimpften. Und dass auch mein Vater diese Worte schon an mich gerichtet hatte, nur eben über faule Ukrainer und fleißige Russen.

In solchen Augenblicken konnte ich den Osten so gar nicht mehr leiden.

Aber es gab auch andere Momente – und zwar solche, die mich richtig zur Verzweiflung trieben.

Für eine Story fuhr ich nach Galizien, genauer gesagt nach Lemberg, in die kulturelle Vorzeigestadt des Landes, ins Herz der Westukraine. Meine Eltern hatten mich am Telefon davor gewarnt, westlich von Kiew allzu offensiv Russisch zu sprechen. Mit der Sprache hatte ich aber keinerlei Probleme. Die begannen erst, als mir die Worte wegblieben.

Da ich schon am Vorabend eingetroffen war, galt es natürlich, mit den Einheimischen Bruderschaft zu trinken. An diesem Tag gab es ein Fußball-Länderspiel. Die Partie gegen Brasilien ging für die Ukraine mit 0:2 verloren, was einem der Männer in der Bar, die ich gewählt hatte, mehrere Runden wert war. Für alle, die in der Nähe saßen.

Der Mann war wirklich in Geberlaune, und er hörte auch nicht auf. Er bestellte ausschließlich Schnaps: Whiskey, Wodka und die ukrainische Version: Horilka. Irgendwann hatte ich den Verdacht, dass ihm das Spiel recht egal gewesen war, aber was spielte das für eine Rolle? Der Mann, ein unauffälliger Kurzhaarträger in teurem Sakko, zahlte und zahlte und seine Entourage wuchs immer weiter an. Ich brachte nie in Erfahrung, warum er alles ausgab, was daran liegen konnte, dass ich irgendwann gar nichts mehr in Erfahrung brachte.

Ich kam zu mir und wusste, dass ich sterbe, wenn ich mich jetzt nicht zusammenreiße.

Ich war irgendwo in der Vorstand von Lemberg, um mich herum nur Schnee und graue Betonbauten. Der letzte Schuppen, aus dem ich irgendwann gefallen sein musste, war nicht in Sicht. Der Selbsterhaltungstrieb war aktiviert – im Schnee erfrieren wollte ich nicht. Nur ja nicht in die ukrainische Statistik der erfrorenen Trinker eingehen, alles, nur das nicht.

Ich schaute nach vorne und nach hinten, aber es gab dort nichts. Einfach nichts.

Ich hielt mich an einem der grauen Gebäude fest und versuchte zu überlegen, was ich tun konnte. Lemberger Telefonnummern kannte ich keine, und tatsächlich war ich mir nicht einmal mehr sicher, ob ich noch telefonieren konnte, so finster stand es um mich. Wie spät es war, wusste ich auch nicht. Einfach tiefschwarze Nacht.

Und in dieser Situation kam aus dem Nichts tatsächlich ein Auto. Meine Rettung vor dem Kältetod. Dachte ich zuerst. Ich hob die Arme, um mich bemerkbar zu machen und fiel in den Schnee. Das Auto hielt. Aber als ich sah, dass es die Polizei war, konnte ich mich nicht mehr so recht freuen.

»Nee, nee, alles in Ordnung«, stammelte ich.

Im Auto saßen gleich vier Polizisten, alle jung, alle gut drauf, als würden sie aus der Disko kommen. Einer öffnete seine Tür und sagte: »Einmal einsteigen, bitte.«

»Schon gut, ich komme zurecht«, sagte ich, alles auf Russisch, alle Ratschläge über die Westukraine ignorierend.

»Das ist keine Frage. Du steigst ein.«

Ich schwankte, sah zum Polizisten, und plötzlich wirkte der gar nicht mehr amüsiert. Vielleicht war er auch zuvor schon gar nicht amüsiert gewesen. Oder überhaupt noch nie.

Obwohl die Polizisten meine Rettung waren, und ich ohnehin zu betrunken, um mir Sorgen zu machen, versuchte ich mich zu wehren, als sie mich zwischen sich auf den Rücksitz warfen.

Mir ging durch den Kopf, ihnen ins zu Auto zu kotzen, wenn sie mich zu mies behandeln würden. So weit bergab war es in so kurzer Zeit mit mir gegangen.

Ich saß also hinten. In der Mitte. Links ein Polizist. Rechts ein Polizist. Wir fuhren eine unbeleuchtete Straße entlang, hinein ins Nichts. Als ich fragte, was sie mit mir vorhätten, gab es von links einen mit dem Ellbogen.

Von vorne sagte der Fahrer: »Geldbeutel her!«

Der Fahrer musste der Chef sein, er war älter als der Rest und wirkte auch nicht so spitzbübisch wie die anderen drei. Die Untersuchung meines Portemonnaies nahm dann aber der Beifahrer vor. Er schaute kurz ins Fach mit den Hrywna und ließ sie drin. Der Mann wusste, wo es langgeht. Er holte die Euros heraus, wedelte dem Fahrer damit vor der Nase, zählte sie und rief begeistert: »Der Typ hat hundert Euro dabei! Voll gut!«

Fröhliches Gelächter füllte den Wagen, die Nacht war für diese treuen Staatsdiener scheinbar gerettet. Nur ich konnte irgendwie nicht mitfeiern. Ich kratzte meine letzten Reserven zusammen, beugte mich vor und versuchte, nach dem

Geldbeutel zu greifen. »Was, voll gut? Ihr könnt mich doch nicht bekl...« Dann gab es wieder einen. Von links.

Im Nachhinein wäre das der Moment gewesen, den Kotz-Plan zu aktivieren. Aber ich hatte es nicht in mir.

Als ordentlicher Geldbeutel-Aufpasser durchsuchte der Beifahrer weiter – und hatte plötzlich eine Karte in der Hand. Er schaute lange drauf und sagte deutlich betrübt: »Ein internationaler Journalistenausweis. Meint ihr, der ist echt?«

»Natürlich ist der echt, du Penner!«, brüllte ich von hinten.

Es gab noch mal einen in die Rippen, diesmal von rechts. »Der war für den Penner. Und hör auf, rumzuschreien!«

Ich schwieg dann, bis der Fahrer meinen Journalistenausweis begutachtet und ebenfalls entschieden hatte: echt.

Dann dämmerte ich weg.

Als ich zu mir kam, wurde ich gerade aus dem Auto geladen. Ich blickte mich um, sah Lichter, sah klassizistische Bauten, sah Autos, sah Stadt.

Der Fahrer hielt mein Portemonnaie in seinen Händen. Er hatte eine breite Visage, kaum Haare, und so sauer ich vorher auf diese schlagenden Polizisten gewesen war, sah er für mich plötzlich nur noch müde aus.

Vor meinen Augen legte er den Hunderter ins Portemonnaie, griff dann wieder hinein, holte einen Zehner raus und sagte: »Fürs Nach-Hause-Fahren.«

Ich bekam meinen Besitz wieder. Die Polizisten fuhren davon.

Als wäre das nicht genug, war diese Episode damit noch nicht zu Ende. Ich fand zwar mein Hotel, aber nicht hinein. Es hatte zu. Klingeln, klopfen und schreien führte zu nichts. Es war fünf Uhr morgens. Ich schlief an einer Bushaltestelle ein. Ich erfror nicht. Aber als ich aufwachte, spürte ich meine Finger kaum noch. Und mein Handy war weg.

Und als wäre auch das nicht genug, hatte diese Episode noch ein Nachspiel. Ich vergaß nämlich der Redaktion mitzuteilen, dass ich mir später zu einem neuen Telefon auch eine neue Nummer besorgt hatte.

Kurz nach meiner Lemberg-Fahrt gab es einen Feiertag, der bei *Zerkalo Nedeli* aber nicht als solcher anerkannt und deshalb als Arbeitstag betrachtet wurde. Ich hatte diesen Arbeitseifer nicht bemerkt und war deshalb einen Tag unentschuldigt nicht da. Ein Missverständnis.

Danach folgte ein Wochenende und darauf ein Montag, an dem ich Geburtstag hatte. Ich pflegte damals an meinen Geburtstagen der Arbeit fernzubleiben.

Als ich am nächsten Tag morgens in der Redaktion auftauchte, fiel mir die Chefsekretärin – eine sonst so kompetente wie strenge Frau – um den Hals. »Du lebst!«, rief sie. Ich war verdutzt. Sie erklärte mir, dass der ukrainische Geheimdienst dann wohl seine Suche nach mir abbrechen könnte. Da war ich schon schwer irritiert.

»Pass auf«, sagte sie zu mir, noch etwas atemlos, »du warst Freitag unentschuldigt nicht da. Am gestrigen Montag auch. Ich habe versucht dich anzurufen: Nummer nicht mehr vergeben. Da hat der Chef gesagt, wir sollen dich suchen. Und das heißt bei uns: Geheimdienst. Die Polizei in diesem Land ist... na, du weißt sicher, was ich meine.«

Ich überlegte kurz, ihr die Lemberger Posse zu erzählen, ließ es aber. Stattdessen interessierte mich der Geheimdienst.

»So richtig weitergekommen sind sie bisher nicht«, sagte

die Chefsekretärin. »Die haben aber herausgefunden, dass du gestern Geburtstag hattest. Herzlichen Glückwunsch!«

Damals dachte ich noch nicht so, aber viele Jahre später fragte ich mich schon, ob ich auch nur einen Deut besser war als die ganzen Polen und Tschechen, die in Militärstiefeln durch Tschernobyl rennen und alles *heftig* finden. Ich trug Straßenschuhe und lief durch die Ukraine, aber auch ich suchte das kaputte Land, das die Menschen dieses Landes zu überwinden versuchten. Am Ende ziehen in jeder Generation so manche vom Westen in den Osten, um dort Orientalismus zu betreiben, um ihre Klischees von dem anderen, wilden Leben bestätigt zu sehen. Interessant ist, dass heutzutage auch viele russische Journalisten und Autoren in die Ukraine gehen, um dort diese ganze Heftigkeit eines ihrer Ansicht nach schwächer entwickelten Gebietes zu suchen. Die Ukraine wird von zwei Seiten orientalisiert.

Einen Pionier dieser Entwicklung habe ich damals in der Ukraine kennengelernt, einen richtigen Hasardeur.
    Erik Aigner war irgendwann in den 90ern in die Ukraine gekommen. Er brachte Kiew etwas, das bis dahin leider gefehlt hatte: eine Kneipenlandschaft. Er eröffnete Bars, vier oder fünf oder vielleicht mehr, bis er sich mit seinen Geschäftspartnern überwarf und die Stadt verließ. So ging eine urbane Legende, die mir mal ein betrunkener Ukrainer in einer Bar erzählte – natürlich in einer angeblich von Erik Aigner persönlich eröffneten Bar.
    Ich wurde neugierig, forschte nach und fand mich irgendwann an einem Ort, der »Die Freunde von Erik Aigner« hieß

und eine billig dekorierte Kneipe im Untergeschoss eines Einkaufszentrums war. Ob die Betreiber wirklich Freunde waren, konnte ich nicht feststellen, aber sie machten mich noch neugieriger. Denn ihrer Auskunft nach hatte Erik Aigner Kiew nicht nur verlassen, sondern gar ein »Kiew-Verbot«, das stadtbekannte Autoritäten ausgesprochen hätten. Ich kannte bis dahin nur Tom Gerhardts »Köln-Kalk-Verbot« aus dem Klamauk-Klassiker *Voll Normaaal* und war natürlich elektrisiert.

Außerdem teilten mir Eriks Freunde mit, welch großer Verlust sein Weggang für die ganze Stadt wäre. Sie gaben mir auch eine Telefonnummer von jemandem, der angeblich jemanden kannte, der Eriks richtige Nummer haben würde. Ich war angefixt.

Einige Wochen telefonierte ich Menschen hinterher, die alle sehr misstrauisch reagierten und konspirativ taten, bis ich eine Frau am Telefon hatte, die sich vielversprechend anhörte. Sie wäre Erik Aigners Assistentin, sagte sie, ja, seine persönliche Assistentin. Sie bestätigte sogar, dass Erik Aigner Kiew-Verbot hätte und sich deshalb in Odessa oder in Donezk aufhalten würde, so genau würde sie mir das jetzt nicht erklären wollen.

Ich war schon etwas enttäuscht, bis sie anmerkte, dass Erik in einer Woche trotzdem in Kiew wäre, zumindest am Stadtrand und zumindest für einige Stunden. Regeln waren doch dafür da, gebrochen zu werden. Sie willigte ein, ihn für mich um ein Treffen zu bitten.

So war das damals in der Ukraine. Dinge, die auf keinen Fall gingen, gingen auf einmal doch, und zwar ganz mühelos. Und Sachen, die ganz selbstverständlich klappen sollten, waren ganz und gar unerreichbar.

So kam es also, dass ich eines Abends in einer Kellerbar saß und auf Erik Aigner wartete.

Der Mann, der dann durch die Tür wankte, war zwei Meter groß, glatzköpfig und insgesamt sehr massiv. Er lächelte breit und wirkte deshalb wie eine Kreuzung aus Türsteher und Stammgast in einer Dorfdisko. Hinter ihm kam seine Assistentin herein, eine auf gewitzte Art gut aussehende Frau, die einen sicherlich beim Kartenspielen betrügen würde.

Die beiden setzten sich. Erik Aigner stellte eine Flasche Whiskey auf den Tisch, öffnete sie, goss sich etwas in einen kleinen Becher und bot mir auch etwas an. Ich lehnte ab. Er trank das Glas auf ex. In diesem Moment dachte ich noch, dass er eine Show abziehen würde. Am Ende sollte er in einer halben Stunde die ganze Flasche alleine getrunken haben. Wenn es eine Show war, dann eine überzeugende.

»Ich glaube an das Gute im Menschen«, sagte Erik Aigner, bevor er mir seine Geschichte erzählte. Und natürlich nahm er vorher noch einen großen Schluck.

Aigner war nach Kiew gekommen und hatte »so Leute« kennengelernt. Sie fragten ihn, ob er mit ihnen zusammen eine Bar schmeißen würde. Er wollte. »Mir sollten fünfzig Prozent gehören!«, sagte er laut. Aus einer Bar wurden mehrere, und immer versprachen ihm »so Leute«, dass er die Hälfte von all dem besitzen würde, dass sie Partner wären, zusammen durch dick und dünn.

Während Aigner das erzählte, empfing seine Assistentin einen Anruf. Sie machte sich nicht die Mühe aufzustehen, sondern wimmelte am Tisch sitzend recht lässig eine Frau ab, die Erik Aigner unbedingt sehen wollte, so viel hatte ich verstanden. »Gibt sie Ruhe?«, fragte Aigner seine Assistentin auf Russisch, mit starkem Akzent. »Keine Ahnung«, sagte die nur und zündete sich eine Zigarette an. Sie rauchte Kette, er trank unablässig. Und ich fragte mich schon, aus welchem Tarantino-Film die beiden entsprungen sein könnten.

Eine Tages kam es dann aber so, dass Erik Aigner, der jeden Abend in den von ihm gegründeten Bars mit den Gästen zechte, eine von seinen Geschäftspartnern vorgeschlagene Preiserhöhung ablehnen wollte. Daraufhin fragten ihn diese Geschäftspartner, ob er vollkommen verrückt geworden wäre, sich in ihre Geldangelegenheiten einzumischen. Aigner wagte wohl noch einmal, seinen Mund aufzumachen, und bekam daraufhin mitgeteilt, dass er am Leben bleiben könnte, wenn er Kiew verlässt und nie wieder die Stadt betritt. »Ich hatte mit meinen Partnern keinen Vertrag. Es war alles mündlich. Ich sage doch, ich glaube an das Gute im Menschen«, meinte Aigner und dann, ja, natürlich, trank er.

Seine Assistentin empfing wieder einen Anruf, und in meinem Kopf setzte sich nach all diesen wirren Ausführungen die Geschichte zusammen. Aigner hatte nie etwas besessen. Er war einfach von der ukrainischen Mafia als lustiges, besoffenes deutsches Maskottchen gebraucht worden, um einige Kneipen zum Laufen zu kriegen. Als er dann wagte, seinen Mund aufzumachen, wurde er abserviert. Ich fragte Erik Aigner, ob diese Version so stimmen würde. Er schaute mich mit leeren, glasigen Augen an.

Ich fragte ihn, warum er nicht zurückgehen würde, nach

Deutschland. »Im Westen wäre es mir zu langweilig«, sagte er und, ja, trank.

»Erik, ich weiß nicht mehr, was ich tun soll. Sie will aus dem Fenster springen«, sagte dann die wieder telefonierende Assistentin und reichte ihm den Hörer. Aigner stand auf und begann, mit all seinem Akzent und all der Lautstärke seines massigen Körpers auf die Frau am anderen Ende der Leitung einzureden. Es hörte sich für mich so an, als wäre die Frau von ihm schwanger und würde erwarten, dass er verdammt noch mal bei ihr aufkreuzte, wenn er schon sein Leben riskiert und Kiew betreten hatte.

Ich konnte dann nicht anders und fragte seine Assistentin, warum sie sich seine Assistentin nannte. »Das klingt gut«, sagte sie und, ja, rauchte. »Was ich wirklich bin, willst du wissen? Seine Muse bin ich.«

Ich wollte noch wissen, was Erik Aigner jetzt machen würde. Er würde in einer Bar arbeiten, in Odessa, sagte sie.

Damit war Erik Aigner der wohl einzige Bierzapfer der Ukraine mit eigener Muse, die sich offiziell seine Assistentin nannte und ihm sogar Verehrerinnen vom Leib hielt.

Aigner kam wieder, grinste zufrieden und sagte: »Ist nicht gesprungen!« Dann, ja, trank er.

Die Whiskeyflasche war wirklich und tatsächlich leer.

## 11. Ein netter Küchenchef: Im Zug, zum Zweiten

Ach, einmal im Zug durch Russland – mit der Transsibirischen Eisenbahn! Das ultimative Gefühl von Weite! Muss man einmal im Leben gemacht haben!, sagen viele in Deutschland. Ist komplett bescheuert, sagen die Russen.

Die Einheimischen meinen mit ihrem Urteil vor allem Touristen, die in Moskau einsteigen und in Wladiwostok den Zug wieder verlassen, mit leichtem Thrombose-Gefühl und flauem Magen, von zu viel geräuchertem Fisch und zu wenig Erkenntnis, weil eine Zugfahrt letztendlich nicht die Landeserkundung ersetzt.

Deshalb steigen ja viele zwischenzeitlich auch aus, so wie ich ja auch immer wieder aussteige, die Verkehrsmittel wechsele, Orte und Zeiten, hoffentlich auch die Perspektiven. Wobei ich trotzdem nicht das Gefühl habe, bei Einheimischen auf Verständnis zu stoßen. Was in meinem Fall aber weniger an der Sprache oder an meinem Erkundungsansatz liegt, sondern immer wieder an den politischen Realitäten. Je mehr und länger ich mit den Russen spreche, je weiter ich in den Osten komme, desto starrer erscheinen mir die Positionen, desto weniger Worte gibt es, die für uns alle das Gleiche bedeuten.

Ich muss an meine Fahrten durch die Ukraine denken und hoffe, dass ich diesmal besser beobachte und weniger darauf aus bin, einfach nur den Osten zu sehen, in dem alles *heftig* ist. Zumindest scheint es mir so, dass heute in Russland alles nüchterner und geordneter zugeht, als es für mich damals in der Ukraine der Fall war. Wobei ich nicht klar sagen kann, ob das nun an mir oder an dem Land liegt. Oder einfach daran, dass die Zeiten so sind.

Die Russen wollen vor allem von mir wissen: »Was denken die Deutschen von uns?« Wenn ich sage, dass ihr Urteil durch die Ukraine-Krise und die Krim-Frage stark gelitten hat, sagen sie wie die Frau während meiner ersten Zugfahrt: »Wir haben euch doch die Wiedervereinigung gegönnt. Warum gönnt ihr uns nicht unsere?« Oder sie fragen: »Kennt ihr euch mit Geschichte nicht aus? Lest ihr nicht?« Manchmal fragen sie auch, meistens sehr ungläubig: »Glaubt der Westen wirklich, Russland könnte ein anderes Land angreifen?«

Am häufigsten aber fragen die Russen: »Ist es wirklich so schlimm in Europa mit den Flüchtlingen und mit den Einwanderern?«

Einmal habe ich sogar ehrliches Mitleid erlebt, als ich gesagt habe, ich wohne in Deutschland. »Ja, ich weiß, es ist heftig bei euch, die ganzen Eindringlinge«, hat mir ein Ladenbesitzer gesagt und mir dann sogar die Schulter getätschelt. Kopf hoch, Europa, sollte das wohl heißen, wir finden es echt schade, dass ihr so gnadenlos untergeht. Da findet doch tatsächlich auf einmal ein Russe die Lage in Europa *heftig*, und zwar ganz einfach per Ferndiagnose. Ich habe versucht, ihm zu erklären, dass alles nicht ganz so schlimm sei, wie er glaubt. Er hat mich lange ungläubig angeschaut.

Interessant ist, dass vor allem Menschen unter vierzig oft sagen, dass sie russischen Fernsehnachrichten nicht glauben. Ein Student in einer Bar in Kasan hat mir sogar erklärt: »Es ist ein Experiment an den Russen, wie weit Scheinrealität durch Nachrichten herstellbar ist.« Trotzdem war sogar dieser Student der Meinung, in der Krim-Frage hätte Russland richtig gehandelt. Selbst ein Pazifist müsste in großer Notlage schießen.

An diesem Punkt musste ich daran denken, dass der dritte Weg, diese Position zwischen dem westlichen und dem russischen Standardrepertoire an Argumenten gerade für viele junge Russen ganz normal ist. Sie mögen den Präsidenten mit seinem autokratischen Regierungsstil nicht, sie lehnen eine expansive Außenpolitik und die Verfolgung von Homosexuellen ab. Aber im Gegensatz zu vielen ihrer westlichen Altersgenossen stehen sie zumindest bei den beiden politischen Großthemen *Krim* und *Flüchtlinge* eher auf der östlichen Seite der Demarkationslinie.

Mein politischer Streit mit meinem Vater ist vielleicht auch deshalb so verworren, weil wir außer dem west-östlichen Gegensatz auch noch den Trennstrich zwischen zwei Generationen überwinden müssen. Es ist ein komplexes Gebäude aus Argumenten, Vorurteilen und Werten, aber auch Länder- und Altersgrenzen, durch das wir irren. Streiten war auch schon einmal leichter.

In einem der vielen klapprigen Kleinbusse, in denen ich bisher unterwegs war, habe ich Tiziano Terzani gelesen. Er war langjähriger Spiegel-Korrespondent in Asien, Weltenbummler und Guru. 1993 hat er während einer Zugfahrt durch

Russland in seinen Tagebüchern diese Sätze geschrieben: »Das ist die große Tragödie: Der Kommunismus hat keine Helden hinterlassen, hat alle Ausnahmeerscheinungen zunichtegemacht, hat die wahrhaft Großen unterdrückt und hat das Überleben nur den großen Überlebenden des Apparats erlaubt. Was heute in Russland geschieht, würde einen großen, aufgeklärten Diktator erfordern, der diesen Menschen, die jetzt unruhig und unglücklich sind, wieder Zutrauen gibt, einen Traum für ihre Zukunft bereithält, der alles dransetzt, im Rest der Welt mit Stärke aufzutreten. Recht betrachtet, entsteht da vor den Grenzen Europas eine unruhige und unbefriedigte Masse an Land und Menschen, die noch historische Rechnungen zu begleichen haben. Wir in Europa müssen das zur Kenntnis nehmen und darüber nachdenken.« Es wäre sehr interessant, Terzanis Meinung zu Putin zu hören. Leider ist der Guru tot.

Diese von ihm erwähnten Helden des kommunistischen Alltags, jetzt sind sie in Russland überall zu sehen. Viele der Plakate, die 2015 zum siebzigjährigen Jubiläum des Sieges im Zweiten Weltkrieg – in Russland »Großer Vaterländischer Krieg« – aufgehängt wurden, sind hängen geblieben, sicher nicht zufällig. Diese Plakate gratulieren zum Sieg, und manche zeigen auch einfache Bürger oder Rotarmisten und erklären, was diese oder jene für ihr Volk getan haben. Die T34-Panzer rollen immer noch, auf den Bildschirmen, in den Köpfen, bei Paraden sogar über die Straßen.

Merkwürdig anzuschauen aus den Fenstern von Zügen und Bussen sind die vielen neu entstehenden Plansiedlungen. Die heutigen Platten wirken optisch nicht ganz so trist wie jene früher, etwa die, in denen ich in Tscheljabinsk aufgewachsen bin. Das liegt aber nur daran, dass die Fassaden bunter sind, ansonsten ist städtebaulich sogar eher ein Rückschritt zu sehen. Die Kommunisten haben kleine Parks und Spielplätze zwischen die Platten gesetzt, im Erdgeschoss gab es Läden. Heute sind zwischen den Wohntürmen vor allem Parkplätze.

Während ich mir im Zugabteil diese Notizen mache, wird es Abend, und ich beschließe, im Bordbistro vorbeizuschauen.
    Die Dame hinter dem Tresen – etwa Ende dreißig, müde Augen, Bahnmütze – gibt mir das Menü. Als ich bestellen will, hebt sie den Finger, bedeutet mir zu warten und flüstert: »Ich glaube, da kommt noch was.« Ich verstehe nicht, warte einfach mal ab und höre nach wenigen Sekunden aus der Küche. »Du bist doch wirklich eine miese... *piep......piep...* Diese ganze... *piep...... piep...* ist doch nicht zu glauben, dass ist hier alles eine... *piep...* Wer hat dich... *piep...* überhaupt hier arbeiten lassen, du... *piep...*«
    Okay, der Küchenchef hat also schlechte Laune.
    »Ist er immer so?«, frage ich die Frau.
    »Ist eigentlich ein Netter«, sagt sie.
    Aus der Küche kommt: »... *piep...*, was sagst du da? Du... *piep...* aus der... *piep...* deiner Mutter, wer hat dich... *piep...*, ich glaub's ja nicht, so ein... *piep...*«
    Ich versuche bei ihr in Erfahrung zu bringen, was den netten Küchenchef so erzürnt hat. Sie winkt nur ab und bittet um einen Moment, sie müsse sich sammeln, dann könne sie meine Bestellung aufnehmen.
    »Hab etwas falsch einsortiert«, sagt sie dann. Mir ist irgendwie der Appetit vergangen bei dem Gedanken, dass die-

ser nette Kerl mein Essen zubereiten würde... Ich bestelle also einfach ein Bier und setze mich.

Im Bordbistro unterhalten sich laut zwei junge Männer, sonst ist es leer. Ich sitze da, trinke mein Bier, schaue den Birken dabei zu, wie sie am Zugfenster vorbeifliegen. Dann kommt die Frau hinter ihrem Tresen hervor, atmet durch und fragt: »Jungs, kauft mir jemand ein Bier? Ich bin gerade erst aufgestanden, ich brauch das jetzt.« Aus der Küche kommt: »Ich zeig dir gleich, was du brauchst, du... *piep......
piep...... piep...... piep....*«

Ich muss aus irgendeinem Grund an die Szene im Supermarkt in Tschernobyl denken. Diesmal gibt es zwar keine überheblichen Tschechen, aber irgendwie wirkt die Situation auf mich dissonant.

Ich kaufe der Frau ein Bier in ihrem eigenen Bistro. Vielleicht, weil ich dem Verkäufer in Tschernobyl nicht seinen eigenen Fisch schenken wollte. Vielleicht bin ich ja einen Schritt weiter. Oder ich bilde mir das nur ein. Die Frau murmelt auf jeden Fall ein »Danke, Schätzchen«. Sie prostet mir zu.

Wir fahren dann weiter, weiter und immer weiter. Nächster Halt: Tscheljabinsk Hauptbahnhof.

## 12. Deutsche in der Sowjetunion

Viele Eltern erzählen ihren Kindern Geschichten von früher ja gerne immer und immer wieder. Als Jugendlichen nervte es mich, zum gefühlt einhundertsten Mal zu hören, wie ich als Kind in Tscheljabinsk immer weggelaufen bin – und wie mein Vater mir einmal unauffällig folgte, um zu sehen, wohin ich gehen würde mit meinen vier Jahren. Wie er es nicht fassen konnte, dass ich mehr als einen Kilometer weit ins nächste Stadtviertel gelaufen war, wie er mich irgendwann am Arm packte und fragte, wohin ich wolle und wo denn zu Hause sei, wie ich in irgendeine vollkommen willkürliche und ebenso falsche Richtung zeigte, wie ihm dann zum ersten und einzigen Mal die Hand ausrutschte und er mich auf den Hintern haute, wie ich mich daraufhin trotzig vor ihm aufbaute und rief: »*Ty Kakaschka!*« – »Du Kacke!«

Irgendwann begriff ich, dass es einen Sinn hat, Geschichten immer wieder zu erzählen. Mit jeder Wiederholung wird die Erinnerung mit einem neuen Faden verstärkt, der sich über die alten, hart und brüchig gewordenen Fäden legt. Manche Geschichten verlieren irgendwann jeglichen Halt und fallen ins Zeit- und Bodenlose, aber die prägnanten Momente werden stets aufs Neue verzurrt.

Meine Mutter begann erst spät, mir davon zu erzählen, wie es so war in Russland als ethnische Deutsche. Diese Geschichten hatten für mich immer etwas Seltsames, denn meine Mutter war in meiner kindlichen und jugendlichen Wahrnehmung nie deutsch, sondern eine russische Frau wie all die anderen russischen Frauen um uns herum. Als wir nach Deutschland gingen, verstärkte sich dieser Effekt noch, denn natürlich wurde die Spätaussiedlerin Margherita Afanasjew in Deutschland von den Einheimischen als Ausländerin wahrgenommen. Ich begriff schon, dass wir überhaupt nur in Deutschland waren, weil die Familie meiner Mutter deutschstämmig war, Schlagworte wie *Russlanddeutsche* und *Wolgadeutsche* hörte ich aber bewusst da zum ersten Mal. Vor Generationen waren Familien aus dem damaligen Preußen und anderen mitteleuropäischen Gebieten weit nach Osten übergesiedelt, wo sie Land und steuerliche Privilegien erhalten hatten. Meine Großeltern, die Eltern meiner Mutter, waren die Bewahrer des Deutschtums in unserer Familie, die als Kinder in der Sowjetunion noch zuerst Deutsch und dann Russisch gesprochen hatten.

Spätestens nach dem Zweiten Weltkrieg war es keine gute Idee mehr, im Osten seine westliche Herkunft zu betonen, und so wurden Traditionen, Bräuche und Sprachfähigkeiten der Deutschen in Russland zu nachträglichen Kriegsopfern.

Eines Tages brach es aus meiner Mutter heraus, und sie erzählte mir drei Episoden, durch die sich auf bittere Weise ein roter Faden schlängelte.

Als Studentin hatte sie eine ernsthafte Beziehung zu einem jungen Mann, eine von der Sorte, bei der Heirat, Kinder und gemeinsame Zukunft möglich erscheinen. Ihr Freund lud meine Mutter zu sich nach Hause ein, damit sie seine Eltern kennenlernte. Sie wurde überschwänglich empfangen, die Eltern machten sich die größte Mühe, sie zu bewirten. Irgendwann kam aber die Frage nach ihrem vollen Namen auf, in Russland bestehend aus Vorname, Vatersname und Nachname: Margarita Arturowna Kerber. Danach war der Abend gelaufen. Der junge Mann trennte sich kurz darauf von meiner Mutter. Er kam nicht gegen die antideutsche Attitüde seiner Eltern an.

Meine Mutter lernte irgendwann meinen Vater kennen. Sie gingen aus. Bei einem der ersten Treffen mit ihm und seiner Mutter sagte sie bestimmt: »Ich heiße Margarita Arturowna Kerber. Ich bin Deutsche.« Mein Vater reagierte der Erzählung meiner Mutter nach mit den Worten: »Was spielt das denn für eine Rolle?« Das hat die immer noch traumatisierte junge Margarita ziemlich beeindruckt. Genau so einen kosmopolitisch eingestellten jungen Mann brauchte sie.

Viele Jahre später, die oft keine leichten Jahre gewesen waren, fragte meine Mutter meinen Vater, wie sie den Tag des Sieges im Zweiten Weltkrieg am 9. Mai zu feiern gedachten – traditionell einer der wichtigsten Feiertage in Russland, den die Menschen mit ihren Familien verbringen. Mein Vater antwortete, wohl noch wütend von einem vorangegangenen Streit: »Wieso? Was hast du denn mit dem Tag des Sieges zu tun?«

Diese Episode erzählte meine Mutter nicht immer wieder aufs Neue. Aber es reichte das eine Mal, damit ich verstand, wie tief es sie verletzt hatte.

Im Gegensatz zu meinen kindlichen Fluchtversuchen hatten die Geschichten meiner Mutter über ihr Deutschsein in Russland nie wirklich Platz auf der Spule der Familienerinnerungen gefunden, sie quetschten sich erst verspätet darauf. Mama musste sich das Recht auf diese Erinnerungen erst erkämpfen. Was meiner Meinung nach auch daran lag, dass die Geschichten von der Ungleichbehandlung von ethnisch anderen Menschen zu Sowjetzeiten tabu waren. Die sozialistische Weltrevolution sollte alle gleichmachen – Unterdrückung war doch etwas, das andere betrieben, allen voran natürlich der Klassenfeind USA.

Auch wenn ich mich zum Zeitpunkt unserer Übersiedlung nach Deutschland so überhaupt nicht als deutschstämmig fühlte, gab es diesen Hintergrund in meiner Familie. Ethnisch deutsch – was auch immer das hieß.

Ich schnappte einige Geschichten von früher auf, vor allem von meinen Großeltern. Doch erst als sie gestorben waren, verstand ich, dass ich zu wenig wusste, dass ich kein ganzes Bild vor Augen hatte, dass ich mehr Fäden gebraucht hätte, um diese Vergangenheit zu befestigen. Glücklicherweise hatte mein Großvater sein gesamtes Leben niedergeschrieben, bevor er gestorben war. Ein Leben in fünf Heften. Ohne diese Hefte wäre der Faden zu dieser Zeit gerissen.

Die Geschichte meines Großvaters ist nach allem, was heute bekannt ist, typisch für das damalige Leben Deutschstämmiger in der Sowjetunion. Bereits in der zweiten Hälfte des 19. Jahrhunderts hatten sich die Dinge für diese Minderheit nicht gut entwickelt. Der Verlust von vormals zugesicherten Privilegien, die Einführung der Wehrpflicht sowie die politisch turbulenten Zeiten machten ihnen zu schaffen. Mit dem Ersten Weltkrieg begann dann endgültig eine Zeit der Wirren. Trotzdem lebten zu Beginn des Zweiten Weltkriegs alleine rund um das Schwarze Meer noch mehr als 300 000 Deutsche.

Wie anders damals alles gewesen sein muss, begriff ich während der Lektüre der Lebenserinnerungen meines Großvaters spätestens bei einer eher absurden Episode aus seinem Geburtsjahr 1923. Es trug sich alles zu in der Stadt Berdjansk, gelegen am Schwarzen Meer im Osten der Ukraine.

Seine Eltern nannten meinen Großvater Peter und schickten seine ältere Schwester zum Standesamt, um den Namen auch offiziell eintragen zu lassen. Doch diese Schwester schrieb auf dem Amt stattdessen »Artur« ins Formular, weil ihr damaliger Freund so hieß und sie den Namen hübsch fand.

*Mama und Papa waren unzufrieden, aber es war geschehen und der Name ins Registerbuch eingetragen.*

Mit diesem einen Satz war eine Entscheidung fürs Leben abgehandelt. Diese unsentimentale, knochentrockene und unverschnörkelte Art zieht sich durch die gesamten Aufzeichnungen meines Großvaters.

Durch seine Jugendjahre aber zog sich dagegen etwas, das heute in Europa kaum vorstellbar erscheint: der Hunger.

Um die Deutung des *Holodomor*, der großen Hungersnot der 30er-Jahre, die sich vor allem in der Ukraine und in einigen südlichen russischen Gebieten zutrug und Millionen Menschen das Leben kostete, ist schon lange ein wütender Streit entbrannt. Viele Ukrainer bezeichnen die Katastrophe als Hunger-Holocaust, von der sowjetischen Führung absichtlich herbeigeführt, um den Widerstand der Ukrainer gegen das kommunistische Regime zu brechen.

Einige namhafte russische Historiker verweisen dagegen auf zahlreiche Opfer auch außerhalb der Ukraine und machen die misslungene Zwangskollektivierung sowie Missernten verantwortlich. Wie bei fast jedem brisanten politischen Thema im postsowjetischen Raum stehen sich auch hier zwei Positionen unvereinbar gegenüber. Wie sollen Menschen nach vorne schauen, die sich noch nicht einmal ansatzweise auf eine Vergangenheit einigen können?

Mein Großvater erlebte den Holodomor jedenfalls in einer schon zuvor für die Familie schwierigen Phase. Sein Vater war nach vierunddreißig Jahren als Buchhalter in einem Werk für Landwirtschaftsmaschinen entlassen worden, weil die Kommunisten den Werksbesitzer, den britischen Industriellen John Grieves, außer Landes gedrängt hatten. Außerdem kamen

*die pausenlosen Belästigungen durch den [Geheimdienst] NKWD hinzu, und überhaupt war die Situation so, dass es sehr schlecht war, Deutscher zu sein, überall waren Deutsche verfluchte Menschen, sowohl in Schulen wie in Unternehmen. In Deutschland kamen Hitler und die Nationalsozialisten an die Macht, und in Russland litten die Deutschen darunter.*

In dieser Situation ereilte die Familie meines Großvaters der Hunger.

*Im Hafen Berdjansk lagen ausländische Dampfschiffe vor Anker und wurden mit Weizen für den Export beladen, der aus der ganzen Ukraine hergebracht wurde. So ein von der Natur gesegnetes Stück Land und so ein Hunger wie sonst nirgends. Fruchtbares Ackerland, Flüsse, Meere, Kohle, Eisenerz, Werke der Schwerindustrie, Elektrizitätswerke usw., aber wenn eine Hungersnot kam, litt die Ukraine immer am meisten, bis hin zum Kannibalismus.*

Die Familienmitglieder – in den Aufzeichnungen sind so viele aufgezählt, dass ihre Zahl mir unklar bleibt – überlebten weitgehend, auch weil ein Onkel meines Großvaters im Hafen arbeitete und dort Getreidekörner stehlen konnte, die in einer selbst gemachten Mühle gemahlen und zu Brot weiterverarbeitet wurden. Nachdem der große Hunger 1933 ausgestanden war, entspannte sich die Lage zwar etwas, aber das Leben blieb bestimmt von Belästigungen durch den Geheimdienst und dem sorgenvollen Blick in eine ungewisse Zukunft. Wenn Opa alltägliche Szenen beschreibt, wirken sie manchmal zugleich anrührend komisch und hart.

*Im Alter von acht bis elf Jahren liebte ich es, im Winter Schlittschuh zu fahren, aber ich hatte keine Schlittschuhe, da hat mein Papa Holzklötze mit Kufen aus einem 6 mm dicken Draht versehen, die als Schlittschuhe dienten, sie hatten nur einen wesentlichen Nachteil: Sie waren schwer und sperrig und glitten schlecht.*

Manche Schilderungen lesen sich einfach nur brutal und unmenschlich. Es sind die mit kindlichen Augen gesehenen und mit Seniorenhänden niedergeschriebenen Ereignisse, die in Geschichtsbücher eingegangen sind als »Stalinistischer Terror«, »Großer Terror« oder schlichtweg als »Säuberungen«. Es waren Repressalien, mit denen die Kommunisten vor allem in den Jahren 1936 bis 1938 Regimegegner, Vertreter ethnischer Minderheiten, Andersdenkende und ganz und gar Unschuldige drangsalierten.

*Ich erinnere mich an den Moment, als mein Onkel verhaftet wurde. Wir hatten uns schon schlafen gelegt, als plötzlich die Hunde angefangen haben, verzweifelt zu bellen. Ich öffnete im Schlafzimmer die Fensterläden einen Spaltbreit und sah, wie ein Mann über den Zaun kletterte, er schob den Riegel weg und öffnete das Tor. Ich konnte ein auf der Straße stehendes Auto sehen, einen schwarzen M-1. Drei weitere Männer kamen in den Hof, während der erste sich Handschuhe anzog und zu dem angeketteten Hund ging, der sich vor Angst in sein Hundehaus verkrochen hatte. Der Mann griff mit beiden Händen ins Hundehaus, was er weiter gemacht hat, konnte man nicht sehen, aber der Hund hat geschwiegen und kam die nächsten zwei Tage auch nicht mehr raus. Anscheinend war der Mann ein Spezialist in Bezug auf Hunde und hat etwas mit ihm gemacht, dass er krank wurde. Männer, zivil gekleidet, klopften ans Fenster, woraufhin ihnen die Eingangstür geöffnet wurde. Nach der Hausdurchsuchung haben sie den Onkel hinausgeführt und gingen auf das Auto zu, ihnen hinterher kamen Tante Katja und die Kinder auf die Straße. Danach ward der Onkel nicht mehr gesehen.*

Opa schreibt auch viel über den Alltag, der im weiteren Verlauf der 30er-Jahre zumindest im Vergleich zu den Zeiten der Hungersnot und des politischen Terrors etwas Normalität gebracht hat. Doch insgesamt kommt es mir so vor, als hätte es nie wirklich eine lange Phase der Entspannung gegeben für die Deutschen am Schwarzen Meer.

*So habe ich im ersten Studienjahr in der technischen Fachschule zur Überraschung aller einen detaillierten Plan einer Tischschraubzwinge gezeichnet, wofür ich die Bestnote bekam. Meine Zeichnungen wurden sogar ausgestellt. Aber Literatur und die Geschichte der KPdSU, das war nichts für mich. Sport habe ich sehr gern gemacht und habe immer versucht, von den guten Sportlern etwas abzuschauen. Meine Jahre der allgemeinen Entwicklung vergingen ohne die Teilnahme und Mitwirkung meiner Eltern, sie waren niedergeschlagen vom Druck der allgemeinen Situation und der Unterdrückung der Deutschen, es fehlte immer an Geld. Ein Freund aus der Nachbarschaft und sein junger Vater fuhren zum Meer auf ihren eigenen Fahrrädern, so etwas gab es bei uns nicht. Sein Vater hat auch mit ihm gespielt, mein Papa hingegen war immer ernst, ich kann mich nicht erinnern, dass er gelächelt, gelacht oder gescherzt hätte, stattdessen bekam ich öfters Rügen.*

All diese Ereignisse laufen unweigerlich auf einen Tag zu, von dem mir sowohl meine Mutter als auch meine Großeltern mehrfach berichtet haben, den einschneidendsten Tag im Leben meines Großvaters. Die Familie – Mutter, Vater, ein Sohn (mein Großvater) und die zwei Töchter Erika und Lena –

wurde mit vielen anderen Deutschstämmigen auf Stalins Geheiß aus der Schwarzmeerregion gen Osten getrieben, während die Wehrmacht immer näher kam und die Flugzeuge der Nazis die ganze Region mit einem Bombenteppich belegten.

Dieser Tag kommt in den aufgeschriebenen Erinnerungen meines Großvaters mehrfach vor, mal knapp, dann ausführlich. Er war schon alt, als er sein Leben niederschrieb, daran könnte die Wiederholung liegen, natürlich auch an dem Trauma, das ein solches Ereignis auslöst – aber vielleicht brauchte er auch einfach mehrere Anläufe, um diesen Faden auf die Spule seiner Erinnerungen aufzuwickeln.

*Ich wurde krank, und drei Wochen später wurden wir zum Bahnhof für den Abtransport gebracht, aber alle Wege waren zerstört, deshalb wurden wir zurück zum Hafen Berdjansk gebracht. Die Luftangriffe gingen weiter, die Wehrmacht war schon in Melitopol, wir wurden über das Meer gefahren, der Bombenangriff dauerte zwölf Stunden, aber sie haben nicht getroffen. Es war die Nacht vom 6. zum 7. Oktober 1941.*
*Am 7. Oktober kam das Dampfschiff in der Stadt Ejsk an. Papa und ich verließen das Dampfschiff, wir haben unsere Pässe nicht abgegeben, ungeachtet der Tatsache, dass allen, die vom Schiff runtergelassen wurden, ihre Pässe abgenommen wurden. Papa ließ Erika und mich unsere Sachen an der Anlegestelle auf einen Haufen legen, und selbst ging er auf die Suche nach einem Pferdefuhrwerk. Es fiel ein feiner Sprühregen, Mama warf mir einen neuen Mantel zu. Mama fragte mich, ob ich nicht mal hinlaufen und nach der Tragetasche mit Strickgarn von Tante Schmidt sehen wollte, sie war im Schiffsinneren.*

*Ich habe den Halbmantel Papa auf die Schultern geworfen und bin zum Dampfschiff gelaufen.*
*Ich bin in den Schiffsraum herabgestiegen, und da habe ich die mir bekannte Tragetasche auch schon gesehen und sie aufgehoben. Zurück an Deck sah ich ein Flugzeug im Anflug zum Bombardieren, und in der Luft flog eine Bombe in ein Haus. Eine heftige Explosion. Wie ich vom Dampfschiff herabgesprungen bin, erinnere ich mich nicht mehr, ich bin hingelaufen, aber ein Matrose ließ mich nicht durch, ich sagte ihm, »Da sind meine Eltern!«, worauf er »Na ja, lauf!« sagte, ich lief weiter, auf einmal sah ich zu meinen Füßen Mama liegen, ihr Kopf lag in einer Blutlache, als ich ihren Kopf anhob, sah ich, dass er aufgeschlagen war und ein Teil des Gehirns sichtbar war. Also war Mama getötet worden, o, welches Grauen, wo waren Papa und Erika und Lena, sie gingen doch alle zusammen weg? Als ich über Mama gebeugt so dastand, kam ein Doktor zu mir, ich bat ihn nachzuschauen: »Was ist mit Mama?«*
*Er hob sofort ihren Kopf an und sagte mir, dass Mama nicht mehr am Leben war, und ging weg. Daneben lagen der Fuhrmann und zwei tote Pferde, und unweit des Eingangs zu einem Haus lag Papa. Ich ging auf ihn zu und sah sofort, dass er nicht mehr am Leben war, als ich ihn anhob, sah ich das Herz und Teile der Lunge. Also war auch er tot, aber wo waren Erika und Lena, sie gingen doch zusammen weg? Voller Grauen nahm ich seine Geldbörse, in der 24 Rubel waren, die Geldbörse war voller Blut, Papa war tot, was sollte ich tun, ich lief ins Haus, fand Lena, sie war nicht zurechnungsfähig und ganz verstört. Leute haben mir erzählt, dass Erika schwer verletzt in einer Grube lag, ich lief dorthin, aber ein*

*Krankenwagen hatte sie schon abgeholt und ins Krankenhaus gefahren. Wir gingen in den Hof hinaus und sahen, wie Mama und Papa in eine Kutsche des Notarztes geladen wurden, sie nahmen auch uns mit. Die Ärzte haben Erika versorgt. Wir übernachteten bei einer Krankenschwester, und am nächsten Morgen gingen wir zu dem Ort, wo die Bombe eingeschlagen war. Da kam eine junge Frau mit einem Kind auf dem Arm auf uns zu und nahm Lena und mich mit zu sich nach Hause.*

So hat eine Tragetasche mit Strickgarn von Tante Schmidt meinem Großvater das Leben gerettet. Und eine Odyssee ausgelöst, die über tausende Kilometer nach Osten führte, bis er in Tscheljabinsk am Ural ankam, wo er fast sein gesamtes Leben als Betriebsleiter im Städtischen Mechanischen Werk verbrachte. Und wohin er meine Großmutter Elfriede nachkommen ließ, die er bereits als Heranwachsender in Berdjansk kennengelernt hatte. Dafür musste er sie bereits damals als seine Ehefrau ausgeben, die sie später tatsächlich wurde.

*Ich saß morgens beim Frühstück, hab mir gerade Bratkartoffeln gemacht, da klopfte es an der Tür, ich sagte noch: »Ja, ja!«, und es kam die herein, die ich noch gar nicht erwartet habe. Ich wäre fast in Ohnmacht gefallen, ich wollte sie noch am selben Morgen am Bahnhof abholen, aber sie war schon da, weil der Zug früher angekommen war als geplant. Na ja, so spielt das Leben. Vor lauter Überraschung habe ich gar nicht daran gedacht, sie zu küssen, und ich wagte es auch gar nicht, ich sagte nur: »Setz dich frühstücken.« Und ging selbst zur Arbeit.*

So lief es damals also, wenn sich Liebende wiedersahen.

*Eines Tages kam ich nach Hause vom Volleyballspielen, sie schlief schon. Da bin ich ins Bett geschlüpft, habe sie geküsst und gesagt: »Du bist meine Ehefrau!« Und sie sagte; »Einverstanden!« In diesem Jahr gab es so viele Kartoffeln, dass man genug zu essen hatte. So begann unsere Flitterwoche.*

Es war für mich verstörend zu lesen, was für eine große und tragische Rolle ihr Deutschsein für meine Familie mütterlicherseits gespielt hat. Fast schämte ich mich dafür, bei unserer Übersiedlung nach Deutschland 1993 geglaubt zu haben, dass wir bei unserer Herkunft irgendwie geschwindelt, dass wir mit diesem fremden Land doch nichts zu tun hatten.

Ich war zu diesem Zeitpunkt halt einfach nur ein russischer Bengel. So wie mein Großvater in den 30er-Jahren ein deutschstämmiger russischer Bengel im riesigen Sowjetreich gewesen war.

## 13. Mein Tscheljabinsk

Ich komme frühmorgens am Hauptbahnhof von Tscheljabinsk an, einem pyramidenförmigen Glasbau, umgeben von wild parkenden Autos. Mein Cousin Aljoscha und meine Cousine Lena holen mich ab. Wir umarmen uns. Herzlich und ehrlich.

Aljoscha ist der Sohn von Tante Tanja, der Schwester meines Vaters, die ebenfalls in Tscheljabinsk lebt. Lena ist die jüngere Schwester meines in Moskau lebenden Cousins, mit dem ich dort so erfolgreich Panzer im Armeemuseum besichtigt habe.

Aljoscha ist achtunddreißig, hat keine Haare auf dem Kopf und ist über zwei Meter groß. Lena ist ein paar Jahre jünger, hat beeindruckende schwarze Locken und auch sonst etwas von einer tatarischen Schönheit.

Aljoscha ist der Polizist, der zweieinhalb Jahre vor der Polizei fliehen musste. Lena ist eine Opernsängerin, die sich irgendwann doch für die Mutterrolle entschied und nun zwei Mädchen hat. Meine russische Sippe.

Wir fahren dann durch meine Geburtsstadt. Wir reden. Vielleicht versuchen wir auch zu überbrücken, dass wir uns bis zu diesem Moment als Erwachsene nicht wirklich kennen. Um die Existenz von jemandem wissen, ersetzt ja nicht, diese Person richtig kennenzulernen.

Mit Lena, ihrem Bruder und ihren beiden anderen Geschwistern habe ich als Kind einige Zeit verbracht, aber die Erinnerungen daran sind vage. Bei Aljoscha sind in meinem Kopf auch eher Fragmente als eine ganze Erzählung erhalten.

Die mit kräftigsten Farben gemalte Episode von damals in meinem Kopf ist, wie wir Anfang der 90er im Kino endlos Episoden von *He-Man and the Masters of the Universe* anschauten. Während in Moskau beim versuchten Putsch Panzer über den Roten Platz rollten, liefen wir durch das Nach-Wende-Tscheljabinsk, in dem ich mich zum ersten Mal nicht mehr wie ein Kind fühlte, mit zehn Jahren – in einer Stadt, in der alles im Aufbruch schien und Gefahr in der Luft lag. Jene Gefahr, die meine Eltern wohl auch rochen und wegen der sie wegwollten. Meine Tante Tanja und Aljoscha aber blieben.

In der ersten längeren Gesprächspause im Auto schaue ich aus dem Fenster. Die Straßen in Tscheljabinsk sind breiter und die Häuser höher als in fast allen deutschen Städten, auch in Berlin. Alleine, dass mich das verwundert, zeigt mir, wo in meinem Kopf die Markierungen gesetzt sind. Ich befinde mich zwei Tage östlich von Moskau, geografisch in Asien und aus westeuropäischer Perspektive einfach nur ganz weit weg.

Ich komme aus Tscheljabinsk, ich weiß, dass hier über eine Million Menschen leben und dass die Welt nicht hinter dem Ural aufhört. Aber erst, nachdem ich hier angekommen bin, wird mir bewusst: Ich schaue vom Westen her auf die Stadt. Wie könnte es auch anders sein?

Architektonisch wird Tscheljabinsk wohl nie glänzen: zu groß, zu grau, zu industriell ist die Stadt. Plansiedlungen ziehen sich mit den Ausfallstraßen in den Horizont. Und diese Straßen sind wirklich breit, zu breit, sie wirken wie Schneisen durch städtische Quartiere, Stadtautobahnen gleich zerschneiden sie Lebensräume, statt sie zu verbinden.

Wie überall in Russland werden den Fußgängern die Grünphasen per herunterlaufender Uhr angezeigt, noch zehn Sekunden Grün, noch neun, noch acht... was ein netter Service ist, aber auch sehr final wirken kann. Während wir mit Aljoscha und Lena neben zu vielen anderen Autos an einer Ampel stehen, eilt eine Oma über die achtspurige Straße, sie hinkt, die Uhr tickt, sieben, sechs, aufsteigende Panik im Oma-Gesicht, Motoren heulen los, die Oma reißt ihre Augen auf, als würde sie schon das letzte Licht sehen, der Countdown läuft, ihr finaler Countdown, gleich fahren sie alle los... die Oma springt halb auf den Bürgersteig – und hinter ihr bricht der Verkehr los.

Geschafft!

Noch einmal: geschafft.

In meiner Erinnerung ist Tscheljabinsk sehr unbunt. Ihre hellsten Momente erlebte die Stadt in dunklen Zeiten. Im Zweiten Weltkrieg wurden wichtige Fabriken von der Front hierher verlegt. Teile des T34 und die »Stalinorgel« Katjuscha wurden hier gefertigt. Tscheljabinsk war entscheidend für die Kriegsproduktion und verdiente sich den Spitznamen »Tankograd«. Unweit wurde auch Atomforschung betrieben, in geschlossenen Städten, die niemand ohne Genehmigung betreten durfte und die nur Nummern trugen statt Namen.

Wir fahren weiter, und ich stelle endgültig fest, dass es mein Tscheljabinsk nicht gibt.

Ich habe keine konkrete Vorstellung von meiner Geburtsstadt, stattdessen schwirren nur vergilbte Bilderfetzen in meinem Kopf herum, Erinnerungen, fast schon Traumbilder, von denen manche zu dem Ausschnitt zu passen scheinen, den ich gerade sehe, und andere nicht.

Die Fabrikschlote sind noch da, die hipsteresken Burgerläden sind neu, bunte Plastikaufsteller mit meterhohen telefonierenden Aliens besetzen die Bürgersteige – können Handyfirmen nicht bitte alle mal pleitegehen? Die jungen Menschen sind angezogen wie in deutschen Kleinstädten, manche Mädchen gleichen Mädchen auf westlichen Magazincovern, die Alten scheinen einer westlichen Vorstellung über Alte aus dem Osten entsprungen. Es sind weniger meine Erinnerungen, mit denen ich hier die Realität abgleiche, sondern westliche Ostklischees.

Wir fahren dann zu Tante Tanja. Sie umarmt mich überschwänglich. »Willkommen zu Hause«, sagt sie und wischt sich aufkommende Tränen sofort weg. Aljoscha lächelt aufmunternd. So viel Gefühlsausbruch ist ihm sichtlich unangenehm.

Tante Tanja trägt ein Kleid mit Blümchenmuster und stellt nach russischer Sitte so viel auf den Tisch, bis das Völlegefühl verzweifelt zusammenbricht und der Magen einfach nur noch aufnimmt. Es gibt Frikadellen und kross angebratene Kartoffeln und Kartoffelpüree, das in Paniermehl eingehüllt und auch angebraten ist. Der Westen mit all seiner emotionalen Kälte kann weder die russische Seele noch die russische Küche ersetzen, denken die meisten Russen. Es schmeckt bei Tante Tanja jedenfalls ausgezeichnet.

Wir sitzen dann noch länger in der Küche, mit frisch lackierten Holzschränken an der Wand. Es steht so dermaßen kein sinnloser Nippes herum, dass fast etwas fehlt. Ich kann mich noch an diese Wohnung erinnern, als sie nicht so frisch renoviert war und von einer gedrückten Grundstimmung geprägt wurde. Über viele Jahre haben Tante Tanja und mein Vater in einem der beiden Zimmer ihre bettlägerige Mutter gepflegt, die krank wurde, noch bevor ihre beiden Kinder Teenager geworden waren. Später irgendwann scheiterte in diesen vier Wänden Tanjas Ehe.

Über die prägnanten Ereignisse der vergangenen Jahre will ich weder Tante Tanja noch Aljoscha zu schnell ausfragen. Also darüber, warum er sich zweieinhalb Jahre verstecken musste, wie sie all das ausgehalten hat und über manche Dinge mehr. Ich bin gerade zum ersten Mal als Erwachsener, als alleine reisender Mensch wieder in meiner Geburtsstadt. Ich will hier nicht auftreten wie eine informationshungrige Planierraupe.

Ein einziges Mal war Tscheljabinsk weltweit ganz oben in den Nachrichtenspalten – wegen eines Meteoriten. Am 15. Februar 2013 »wurde der Himmel plötzlich weiß«, erinnert sich meine Tante. Meine Cousine Lena erzählt, wie der von ihr und ihrer Familie damals bewohnte Plattenbau zu schwanken begann und sie nicht wusste, was war, aber einfach nur dachte: »Es geht zu Ende.« Glücklicherweise wurde aber niemand vom Meteoritenschauer getötet. Imposant ist das größte erhaltene Stück Meteorit, zu sehen in einem

Museum in Tscheljabinsk. Etwa sechshundert Kilogramm schwer, uneben, groß. Es ist aber natürlich am Ende auch nur: ein Stein.

Es passt nur zu gut, dass der Meteorit in Tscheljabinsk auf die Erde gekracht ist. Der russischen Folklore nach sind die Männer dieser Stadt die härtesten überhaupt – was eine eigene Kategorie an Witzen hervorgebracht hat.

*Die Kerle in Tscheljabinsk sind so hart, dass sie ihren Kaffee mit Salz trinken.*

*Die Kerle in Tscheljabinsk sind so hart, dass sie sich nicht die Fingernägel schneiden, sondern ihre Hände auf Gleise legen und auf den Zug warten.*

*Die Kerle in Tscheljabinsk sind so hart, dass sie sich beim Schnäuzen beide Nasenlöcher zuhalten.*

*Die Kerle in Tscheljabinsk sind so hart, dass sie statt Kaffee zu trinken Kaffeepulver aus der Dose fressen.*

*Die Kerle in Tscheljabinsk sind so hart, dass sie, nach dem Zähneputzen nicht ausspucken.*

Manchmal gibt es auch Variationen à la *die Busfahrer in Tscheljabinsk sind so hart, dass sie an den Haltestellen nicht halten, sondern nur auf 50 Sachen runtergehen.* Im Grunde ist das Muster aber klar. Und ja, es gibt auch den hier: *Die Kerle von Tscheljabinsk sind so hart, Chuck Norris ist ein Kerl aus Tscheljabinsk.*

Je länger ich in den folgenden Tagen durch Tscheljabinsk wandere, desto mehr scheint mir die Schwere gewichen, die früher wie der graue Dunst aus den Fabrikschloten über allem zu hängen schien. Über den zentralen Revolutionsplatz wacht wie seit jeher der unvermeidliche Lenin, wirkungsmächtig und unzerstörbar, ein Meteorit seiner Zeit. Doch zu seinen Füßen wurde ein Skatepark aufgebaut, in dem Jugendliche mit grünen und blauen Haaren über den Asphalt fliegen. Unweit beginnt die Ulitsa Kirowa, eine Fußgängerzone, wo im Sommer tatsächlich ein Hauch mondänes Flair aufkommt.

Dort setze ich mich etwa in die Mitte der Straße, gegenüber steht ein Obelisk, der den zentralen Punkt der Stadt markiert. Eine Stunde in der Fußgängerzone von Tscheljabinsk, der Stadt der harten Männer, der Panzer und der gebändigten Himmelskörper. Eine urrussische Stadt.

Die Fußgängerzone ist voller Läden und Restaurants. Ein Geschäft verspricht *Deutsche Schuhe* – und das sogar im Ausverkauf. Daneben ist ein chinesisches Restaurant, wo in der ganzen Stunde niemand reingeht. Gegenüber ist ein neonbunter *Pretty Betty American Diner*. Daneben ein Laden mit dem Namen *Zanzi Bar Beach BBQ*. Bis auf die Tatsache, dass es hier nun einmal wirklich keinerlei Strand gibt, so Beach-BBQ-mäßig, fügen sich all die westlichen Einflüsse durchaus harmonisch ein. Nur der einzige verglaste Hochbau steht hinter den alten Kaufmannshäusern etwas verloren in der Gegend herum.

Ein Saxofonist lässt die Straße in eine melancholische Grundstimmung hineinflanieren. Leute spazieren vorbei, viele Pärchen, wenige Alte, ein hagerer Tätowierter. Es dauert länger festzustellen, was dort eigentlich fehlt, nicht in dem Sinne, dass es da zu sein hätte, sondern in dem Sinne: sonst ist es halt da. Zumindest für mich als Berlin-Bewohner. Es sind die Kranken und Kaputten, die Bettler, die Ausgestoßenen. Auch andere Hautfarben sind nicht zu sehen. Es ist eine ungewohnt homogene Masse an Menschen.

Unweit des Obelisken gibt es ein ewiges Feuer für im Zweiten Weltkrieg gefallene Soldaten, die Fußgängerzone selbst wartet mit einigen Kirmes-Schießständen auf. Kalaschnikow lässt grüßen. Auch einige graue Bauten gibt es hinter der ersten Reihe der hübsch renovierten Backsteinhäuser. Soweit der sichtbare sowjetische Einfluss. Sonst überwiegt aber all das Pretty-Betty-Beach-BBQ-Mäßige, das gut gefegte Flaniermeilentum, das schicke Ausgehen in schicker Umgebung.

Das Zentrum von Tscheljabinsk ist nicht so sehr Tankograd als vielmehr eine glatt geschliffene russische Interpretation des westlichen Lebensstils, eine Art gute alte Zeit des Westens, die es in dieser Ausführung auch dort wahrscheinlich nie gegeben hat. Es ist so ungefähr die Chuck-Norris-Zeit. Das Gute hat damals auch nicht immer gesiegt, aber man meinte immerhin zu wissen, wo das Böse ist.

Das denke ich mir also alles, während ich am Obelisken sitze. Und dann läuft ein Opa an mir vorbei, der eine Basecap verkehrt herum und ein blaues Netzhemd trägt und eine Melodie pfeift, so mitten in Tscheljabinsk, und damit irgendwie alle Gedanken an städtische und nationale Identitäten ad absurdum führt.

Die Kerle in Tscheljabinsk sind so hart, sie tragen zum Ausgehen ihre Fischnetze und pfeifen drauf.

Später am Abend gehen wir in der Fußgängerzone in eine Karaokebar, Aljoscha, Lena und eine Freundin von ihr. Die Freundin ist wie Lena auch Opernsängerin. Sie trägt eine an die hier allgegenwärtige Vergangenheitsverklärung mühelos anschlussfähige Dauerwellenfrisur und ist sonst sehr nett. Ihre Haare sind blond, Lenas schwarz. Was für ein Duo. Ihre Stimmen gehen weit über die beim Karaoke sonst üblichen Darbietungen. Sie singen klassische russische Poplieder, schmissig bis melancholisch – und versuchen immer wieder, Aljoscha und mich auch zum Singen zu bewegen. Wir aber bleiben echte Kerle aus Tscheljabinsk: standhaft ablehnend.

Ich wohne in diesen Tagen bei Aljoscha. In seiner klassischen Junggesellenbude. Dabei hat er einen Sohn, der heute schon siebzehn ist, und eine Exfrau, mit der er diesen Sohn zusammen erzieht. Aber an seiner Wohnung lässt sich dieser Teil seines Lebens nicht ablesen. Am leeren Schreibtisch liegt ein Fußball, im Kühlschrank seit zwei Monaten abgelaufener Schinken. Zum Essen geht er häufig zu Tante Tanja.

Nach und nach erzählt er mir seine Geschichte, von seiner Flucht, von all den Jahren, seit wir weggezogen sind. So stückchenweise, wie er es erzählt, setzt es sich auch erst in meinem Kopf zusammen. Erst wenn es komplett ist, kann ich die Geschichte verstehen, aufschreiben, wiedergeben. Jetzt noch nicht.

Sehr herzlich ist in diesen Tagen meine Cousine Lena. Aljoschas Auto ist kaputt – und so fährt sie uns herum, erzählt, hat ansteckend gute Laune und schafft es nebenher, ihre zwei kleinen Töchter überall mit hinzunehmen.

Als wir einmal ins Grüne rausfahren, sitze ich hinten

neben den beiden Kleinen, Aljoscha und Lena sitzen vorne. Wobei *sitzen* in Bezug auf die Rückbank das falsche Wort ist, denn die beiden Mädels klettern im Auto auf und ab, besteigen die Kopfstützen der Vordersitze, krabbeln halb in den Kofferraum und lassen auch sonst nichts aus in diesem zum Kindergehege gewordenen Innenraum. Also ja: Sie sind nicht angeschnallt.

Lena erzählt währenddessen, dass zuletzt zwei Freunde von ihr bei einem Autounfall gestorben sind. Ein Pärchen. »Sie wurden aus dem offenen Fenster geschleudert«, sagt sie. »Hätten sie nur diese verdammten Fenster zugemacht.«

»Oder wären sie angeschnallt gewesen«, höre ich mich sagen und kann es selbst kaum fassen. Ich war mal der größte mir bekannte Anti-Anschnall-Aktivist.

Lena versteht den Wink. »Ja, ich weiß, ich sollte die Kleinen... Aber ich will nicht, dass sie sich gefangen vorkommen.« Sie seufzt, und ich kann sehen, dass es in ihr arbeitet. Aber sie hält nicht an, um die Gurte anzulegen, sondern fährt weiter, immer weiter.

Wir gelangen nach Charino, ein Dorf außerhalb von Tscheljabinsk. Dort haben Lena und ihr Mann eine Datscha. Genau in diesem Dorf habe ich früher meine Sommer verbracht – weil meine Großeltern dort einen Sommer-Bauernhof hatten. Ich rufe deshalb meine Mutter an und bitte sie, mir zu beschreiben, wo genau das Haus liegt. Sie erinnert sich sogar noch an die genaue Adresse und nennt sie mir.

Sie erinnert sich auch sofort an diese Geschichte, als ich in Charino mal fast gestorben wäre. Wie könnte es anders sein.

Ich habe mit etwa sieben Jahren im Geräteschuppen meines Großvaters rumgetobt, bin ausgerutscht und auf eine scharfe Metallkante gestürzt. Aus einer klaffenden Wunde unweit der Schlagader an meinem linken Arm schoss das Blut. Mein Opa fand mich so, bewusstlos, er drückte seinen Finger drauf und schleppte mich nach draußen. Dort hielt er ein Auto an, und sie fuhren mich ins nächste Krankenhaus. Knapp soll es gewesen sein. Ich habe immer noch eine Narbe, die von dieser Heldentat zeugt. So kann ich aber ein Vierteljahrhundert später nach Charino wiederkommen, um den Geräteschuppen zu suchen, in dem all das passiert ist.

Im Dorf laufe ich deshalb die vier Straßen, die es gibt, auf und ab, aber ich finde das Haus nicht. Ich frage Anwohner, aber auch sie wissen nichts. Es ist sehr heiß, Mücken umschwirren mich, viele Häuser sind neu, die Straße alt – und ich finde die Vergangenheit nicht.

Der Dorfkern von Charino besteht aus drei Dutzend Häusern. Es gibt nur Feldwege, den Ungeübten nervt der hyperaktive Hahn früh am Morgen. Als einzigen hervorstechenden Bau gibt es eine Kirche, die zu meiner Kinderzeit halb verfallen war und als Getreidesilo herhalten musste. Zusammen mit meinen Cousins Eugen und Wadim, die heute auch in Deutschland leben, bin ich dort früher durchs Fenster geklettert, und dann haben wir wie Dagobert Duck in seinem Goldspeicher Tauchgänge durchs Getreide unternommen, das endlos schien. Heute ist die Kirche vollständig renoviert und, wie in so vielen russischen Dörfern, neben dem obligatorischen Zweiter-Weltkrieg-Denkmal, der einzige penibel gepflegte Bau am Platz.

Vom Kirchturm aus sind die neuen Villen zu sehen, große

Häuser auf riesigen Grundstücken, die rund um das alte Dorf entstanden sind.

Die Kirche und das Denkmal in der Mitte für die Alten, die dort wohnen. Und die jungen Reichen bleiben außerhalb, hinter den hohen Mauern ihrer Grundstücke, jedes wie ein Land für sich.

Hier habe ich meine Kindheit verbracht. Und schön war sie doch.

## 14. Die Geister von Arkaim

An einem windstillen Sonntag brechen Aljoscha und ich von Tscheljabinsk nach Arkaim auf. Diese archäologische Stätte in der Steppe wird auch als *Russisches Stonehenge* bezeichnet. Für viele Menschen ist Arkaim ein Ort der Kraft, von dem eine besondere Energie ausgeht. Seit gut fünfundzwanzig Jahren erlebt nicht nur die orthodoxe Kirche in Russland eine Wiedergeburt, die Russen entdecken auch alternative Suchprozesse nach dem Sinn des großen Ganzen für sich. Zur Sommersonnenwende pilgern gar Zehntausende nach Arkaim, um sich spirituell aufzuladen. Und ich? Will mir das Ganze einfach mal angucken.

Der Glaube an mystische Orte ist weder bei Aljoscha noch bei mir besonders ausgeprägt. Auf einer Skala von null bis zehn würde ich mich eher im unteren Drittel sehen. Aljoscha schätzt sich selbst »so ziemlich genau bei null« ein.
    Wir kommen etwas zu spät los, so gegen Mittag, es sind mindestens sieben Stunden Fahrt. Unser Chevrolet Cruise fährt mit Gas, das in Russland sowohl in unterirdischem Speichergestein als auch an Tankstellen sehr verbreitet ist. Sofort die erste Tanke, betrieben von Lukoil, wirbt mit einem

großen »GAS«-Schild. Wir fahren von der Stadtautobahn ab und an die Zapfsäule. Allerdings ist dort niemand. Ich gehe zum Häuschen, auf dessen Tür »geöffnet« steht. Aber geöffnet ist dort nichts. Stattdessen hängt unter dem »geöffnet«-Schild ein zweites: »Technische Pause«.

Wir fahren weiter.

Einige Kilometer später kommt die nächste Tankstelle. Auch hier gibt es laut der Preistafel Gas.

Wir fahren ab und stehen etwa zehn Minuten in einer Schlange, weil es nur eine enge Zufahrt gibt, durch die sich alle quetschen müssen. Als wir an den Benzin-Zapfsäulen vorbei endlich zum Gas vordringen, stehen wir einige Augenblicke wortlos vor dem »Defekt«-Schild. Aljoscha flucht dann leise.

Wir fahren weiter.

Die nächsten Tankstellen führen nur Benzin. Wir haben Tscheljabinsk mittlerweile verlassen, und verlassen wird auch das Auto bald sein, von jeglichem Gas, wenn wir nicht bald welches finden. Ich scherze, dass Gas in Russland doch leicht zu finden sein müsste, in dem Land mit den größten Gasreserven der Welt. Aljoscha lächelt gequält.

Wir fahren weiter.

Endlich, Gazprom! Noch nie bin ich so froh gewesen, das Label dieser Firma zu sehen. Und ja, die Preistafel am Straßenrand verspricht Gas. Wir fahren also ab, suchen ratlos die passende Säule, fragen dann einen Mitarbeiter. Der sagt: »Gas gibt's einige Kilometer weiter. Wir wollten keine zwei Preissäulen bauen, deshalb steht der Gaspreis bei uns mit dran.« Aljoscha flucht, diesmal laut.

Wir fahren weiter.

Immerhin, die Gas-Tanke einige Kilometer weiter gibt es wirklich, auch betrieben von Gazprom. Sie ist sogar geöffnet. Ein Mitarbeiter kommt, ein älterer Mann mit Mütze. »Gas? Klar, kein Problem«, sagt er. Ein Lächeln huscht über unsere Gesichter. »Wenn Sie mir noch kurz das technische Begleitheft für Ihren Gastank zeigen?«

Aljoscha setzt seine Sonnenbrille ab. »Das technische ... was??? Ich habe keine Ahnung, was das ist. ... *piep* ... Ihr wollt mich doch alle verarschen! Das ist doch eine ... *piep* ... Ich habe so was nicht!«

Der Mann lächelt freundlich. »Ohne Begleitheft kann ich Sie nicht betanken. Das ist gesetzlich so, seit Freitag machen wir ...«

Jetzt schaltete ich mich ein, weil ich es nicht glauben konnte. »Also Sie wollen uns erzählen, dass seit Freitag ein neues Gesetz gilt, nach dem ohne dieses Begleitheft niemand Gas tanken darf? Seit genau diesem Freitag?« Der Mann lächelt weiter. »Nun. Nicht ganz. Das Gesetz gibt es schon lange, aber am Freitag kam der Anruf aus der Zentrale, dass wir uns ab jetzt auch daran halten.«

Aljoscha flucht dann recht laut und ebenso ausführlich, es würde zu viele ... *pieps* ... erfordern, das wiederzugeben. Der Mann mit der Mütze lächelt anschließend nicht mehr.

Als wir fahren wollen, kommt er zu uns ans Fenster. »Ich kenne eine Tanke in der Nähe, wo die alle befüllen, auch ohne Papiere.« Er erklärt uns den Weg.

Wir fahren weiter.

Wo die alle befüllen, auch ohne Papiere ... es ist ja nicht so, dass wir Schlafmohn oder angereichertes Plutonium erwerben wollen. Ich kann das alles kaum fassen. Die Zeit läuft uns davon. Will der Ort der Kraft, an den Aljoscha und ich nicht glauben wollen, uns deshalb etwa fernhalten? Überzeugt er uns auf diese Art und Weise? Und könnte er das nicht auch tun, nachdem wir ihn erreicht haben? Mir ist mittlerweile auch schon sehr nach Fluchen. Aber ich überlasse das Aljoscha. Er kann das einfach besser.

Der Weg, den uns der Mann beschrieben hat, führt von der Fernstraße ab und über eine Schlaglochpiste. Wir erreichen auf der Suche nach Gas einen Flecken Russlands, der sich jeglicher Modernisierung erfolgreich verweigert hat. Die postkommunistische Prämoderne.

Jedenfalls besteht die Tankstelle aus einem Büdchen und einem Gasbehälter in den Ausmaßen einer Badewanne. Unweit rostet das Gerippe eines Lastwagens vor sich hin. Es ist heiß. Ein Hund irrt müde umher. Ich denke wieder daran, ob es ein Zufall sein kann, dass wir ausgerechnet auf dem Weg zu einem Ort der Kraft in diesen seltsamen Film hineingeraten sind. »Das sind die Geister von Arkaim«, sage ich. Aljoscha sagt: »... *piep* ...«

Es kommt dann tatsächlich eine Frau aus dem Büdchen. Sie betankt uns mit Gas. Wirklich.

Wir fahren dann weiter.

Aljoscha erzählt mir unterwegs die Geschichte von seinen zweieinhalb Jahren Flucht. Ausführlich.

Viele Stunden später sind wir da. Wir sehen milchig grüne Hügel, unendlich viel Steppe, und ich atme die frischeste Luft, seit ich meine Reise durch Russland begonnen habe. Still und schön ist es in Arkaim.

## 15. Aljoschas langer Weg

Seine Tage glichen sich, schon zu lange, bis dieser eine kam, und den vergisst er nicht.

Aljoscha Kondraschenkow sitzt am 7. Februar 2014 vor dem Fernseher. In Sotschi werden mit einem großen Feuerwerk die Olympischen Winterspiele eröffnet. Es ist ein Festtag für Russland. Doch etwas unterscheidet Aljoscha von vielen seiner Landsleute. Er verfolgt die Feier alleine, in einem fremden Haus, in einem abgelegenen Dorf im Uralgebirge. Draußen, in verschneiter Dunkelheit, herrschen fünfundzwanzig Grad unter null.

Das Telefon klingelt. Aljoscha geht ran. Er erkennt die Stimme eines Mannes aus dem Dorf: »Ein Bulli ist vorgefahren, da sind so Typen drin, die...«

Aljoscha schmeißt den Hörer hin.

Er läuft zur Hintertür.

Schnappt sich seine Jacke.

Zieht Schuhe an. Irgendwelche Schuhe.

Er rennt raus.

Geradeaus, bloß nicht umdrehen. Er rennt in den Wald, in Dunkelheit und Kälte hinein, die töten können oder retten. Aljoscha bleibt nicht stehen.

Er kennt die Gegend, er hatte ja Zeit zuletzt, viel zu viel Zeit. Aljoscha weiß, dass er irgendwann eine Bahnstrecke erreichen müsste, die zur nächsten Stadt führt. Wie weit es ist, weiß er aber nur ungefähr. Zurück zum Haus kann er nicht. Wenn die Männer ihn kriegen, ist es zu Ende.

Im Wald ist es so dunkel, dass er nur wenige Meter Sicht hat. Die Gleise, er freut sich, als er die Gleise erreicht. Aljoscha marschiert.

Einige Tage darauf wird er auf einer Landkarte nachschauen und die Hände über seinem Kopf zusammenschlagen – er ist in dieser Nacht vierzig Kilometer gelaufen. Doch in diesem Moment denkt er vor allem an seine Füße. Die Schuhe, die er in dem fremden Haus eilig übergezogen hat, passen nicht. Sie sind auch unterschiedlich groß. Vor allem der linke drückt so sehr, dass Aljoscha seine Zehen kaum bewegen kann. Er darf seine Schuhe nicht auszuziehen, sonst ist er erledigt.

Irgendwann, nach mehreren Stunden, herrscht in seinem Kopf völlige Leere. Aljoscha ist am Nullpunkt angekommen. »Wo bin ich? Wer bin ich? Da war einfach nichts mehr«, erinnert er sich später an diese Nacht.

Aljoscha läuft. Wenn er sich hinsetzt, erfriert er. Also läuft er. Weiter und weiter.

Morgens erreicht er die ersehnte Kleinstadt. Er taumelt die letzten Meter an den Gleisen entlang, steht am Bahnhof. Der Bahnhofwärter schaut den Mann, der dreckig und durchgefroren aus dem kalten Nichts gekommen ist, missmutig an. Er sieht in ihm wohl einen Obdachlosen. Aljoscha spürt plötzlich wieder Energie in sich aufsteigen, in Form von Wut. Er brüllt den Wärter an: »Für wen hältst du mich? He? Für wen hältst du mich, verdammt noch mal?«

Aljoscha fragt sich danach, warum er den Wärter so angegangen ist. Er konnte nichts für seine Lage, außerdem hätte Aljoscha auffliegen können. Er hätte schweigen sollen, statt zu brüllen, doch er konnte nicht anders. Vielleicht ist die Meinung anderer jemandem umso wichtiger, der selbst gerade nicht mehr weiß, wer er ist.

Acht Zehennägel müssen Aljoscha nach diesem Marsch gezogen werden. Er hat ihn wahrscheinlich umsonst gemacht.

Seine späteren Nachforschungen haben gezeigt, dass die Männer im Bulli wohl nicht seinetwegen gekommen sind. So seltsam es auch ist, dass an einem Winterabend in einem Dorf am Ende der Straße neben dem Haus eines Flüchtigen ein Bulli hält, der nicht seinetwegen kommt.

Aljoscha Kondraschenkow ist in dieser Nacht – und insgesamt zweieinhalb Jahre lang – vor der Polizei weggelaufen.

Der »Bezpredel« der 90er habe ihn zur Polizei getrieben, sagt Aljoscha. Er meint mit diesem Wort die Maßlosigkeit, mit der damals geklaut, betrogen und Macht usurpiert wurde. Aljoscha hat Jura studiert und schnell Karriere bei der Polizei gemacht. Sein Credo ist totale Ehrlichkeit. »Nichts nehmen«, sagt er und meint damit: Keine Bestechungsgelder. Überhaupt nie, ohne Ausnahme.

Er spielte als Jugendlicher Basketball – Aljoscha misst zwei Meter. Früher war er schmächtig, heute hat sich seine Schulterbreite seiner Größe angepasst. Er hat geboxt, spielt jetzt Rugby. Früher hatte er lichte Haare, heute keine mehr. Er ist so einer, der bedrohlich wirken könnte, würde er nicht so häufig lächeln, wenn er von Freunden umgeben ist. Er trinkt und raucht nicht, überhaupt nie, seit fünfzehn Jahren schon, auch das: ohne Ausnahme. Aljoscha ist ein Typ, mit dem es schwierig ist auszugehen, weil er immer alles alleine bezahlen will. Auch als wir mit Lena und ihrer Freundin zum Karaoke gegangen sind, hat er keinen Alkohol getrunken, aber die Rechnung übernehmen wollen. So macht er das.

Er ist stets auf Achse, immer mit dem Handy am Ohr. Er kann schwer abschalten.

Es ist nicht leicht, mit Aljoscha über seine zweieinhalb Jahre auf der Flucht zu reden. Ich frage ihn, was er die ganze Zeit gemacht habe. Er aber erzählt eine Filmszene nach, aus *Once upon a time in America*: Der Gangster Noodles, gespielt von Robert De Niro in seiner ganzen Abgebrühtheit, kommt nach langer Zeit nach New York zurück und wird von einem Kompagnon gefragt, was er all die Jahre über so getrieben habe. »Ich bin früh zu Bett gegangen«, sagt Noodles. Sagt Aljoscha. Sagt es und lacht.

In einer Nacht im Januar 2013 ist Aljoscha überhaupt nicht schlafen gegangen. Um kurz nach drei Uhr nehmen seine Kollegen den 31-jährigen Alexej Malow fest, als der versucht, in Tscheljabinsk einen BMW X5 zu klauen. Malow leistet Widerstand, wird aber von den Polizisten überwältigt und verhaftet. Er hat einen Spezialcomputer dabei, der dafür konstruiert wurde, die Software teurer Autos zu decodieren. Der Computer kostet etwa 75 000 Euro und damit mehr als der X5. Malow ist kein Kleinkrimineller, so viel ist klar. Aljoscha und seine Kollegen ordnen ihn einer Bande zu, der sie schon lange auf der Schliche sind. Es geht um Luxusautos. Es geht um richtig großes Geld.

Malow gesteht angesichts erdrückender Beweise sofort am Morgen nach der Verhaftung alles – und widerruft zwei Tage später sein Geständnis. Er habe es nur abgegeben, weil er gefoltert wurde, erklärt er, nachdem ihm ein berüchtigter Anwalt zur Seite gestellt wird. Die Polizisten, auch Aljoscha, hätten ihn geschlagen, mit Elektroschocks traktiert und ihm mit sexueller Gewalt gedroht. Den X5 habe er nicht klauen wollen, sondern nur kurz reingeschaut, weil der Besitzer ein Fenster einige Zentimeter offen gelassen habe.

Das hört sich jetzt vielleicht nach einem schlechten Scherz an. Aber lustig war fortan nichts mehr.

Der Anwalt besteht darauf, dass Malow schwer misshandelt wurde. Als einziger Beweis dienen zwei kleine Blutergüsse, einer unter einem Auge, einer am Bauch. Allerdings hat schon der Amtsarzt sie festgestellt und Malow danach gefragt. Der Angeklagte erklärt sie mit einer vorherigen Schlägerei, die mit dem aktuellen Fall nichts zu tun habe. Dann kommt der Anwalt hinzu, und Malow »erinnert« sich plötzlich an einen anderen Gang der Dinge.

Der Fall schlägt hohe Wellen, zunächst in Tscheljabinsk, später sogar in Moskau. Alexander Hinstein, Duma-Abgeordneter von *Einiges Russland* und Publizist, der sonst oft gegen korrupte Beamte wettert, setzt sich für die Ermittler ein. In mehreren Artikeln zerlegt er – am detailliertesten von allen russischen Journalisten – die Geschichte und nennt sie: »Der Fall der zwei Blutergüsse«.

Hinstein erklärt auf dem Nachrichtenportal »mk.ru« auch die Hintergründe: Pro Tag seien in der Region Tscheljabinsk früher zwei bis drei Luxusautos verschwunden. Sie wurden über die nahe Grenze nach Kasachstan verschoben, wo sie sich in den Weiten der kasachischen Steppe »auflösten«. »Natürlich läuft so etwas nicht ohne die Beteiligung oder zumindest das aktive Nichtstun vonseiten einiger unserer Mitarbeiter«, zitiert Hinstein den damaligen Polizeichef Wiktor Kistanow. Die Zustände wurden unhaltbar, weshalb eine neue Einheit aufgebaut wurde. Ihr stellvertretender Leiter wurde Aljoscha. Die Erfolge waren enorm. In zwei Jahren wurden 232 Diebstähle aufgeklärt, 29 Banden dingfest gemacht, 119 Diebe verhaftet.

»Der Fall der zwei Blutergüsse« setzt alldem ein jähes Ende. Polizeichef Kistanow sagte dazu: »Das war blanker Hohn. Unsere Polizisten wurden in Handschellen dem Gericht vorgeführt. Und der Verbrecher, den sie in flagranti gefasst hatten, fuhr in einem teuren ausländischen Auto vor.«

Die Kriminellen um Malow waren in Tscheljabinsk lange Zeit nicht zu fassen. »Die Gründe dafür wurden später klar«, schreibt Hinstein. »Die Bande wurde von Mitarbeitern der Sicherheitsorgane gedeckt, unter ihnen jemand vom regionalen Büro des Nachrichtendienstes FSB.« Dieser Mitarbeiter ist mittlerweile wegen des »Falls der zwei Blutergüsse« und anderer Verfehlungen beim FSB rausgeflogen – damals aber verfügte er noch über Rang und Einfluss. Er habe zusammen mit dem Anwalt von Malow und einem ranghohen Polizeiermittler, Igor Bederin, die Hetzjagd auf die Polizisten orchestriert, schreibt Hinstein, und auch mit dem Fall Betraute bestätigen das.

Allerdings läuft auch für die Bande und ihre Handlanger nicht alles nach Plan. Denn die Beweise gegen Malow sind zu eindeutig. Er wird zu zwei Jahren Haft verurteilt. Der Richter erklärt in seiner Urteilsbegründung, dass die vom Angeklagten Malow vorgebrachten Vorwürfe gegen die Beamten lediglich erfunden wurden, um von der eigenen Schuld abzulenken. Das hindert Bederin allerdings nicht daran, seine Ermittlungen zu intensivieren.

Bis zu seiner Verurteilung hatte der Dieb Malow geglaubt, ungeschoren davonzukommen. Er fährt also wieder in seinem Luxuswagen vor Gericht vor – und wird in Handschellen abgeführt. Im Gefängnis verliert er die Nerven und erzählt seinen Zellengenossen, dass er falsche Angaben gegen die Polizisten gemacht hat, weil ihm dafür von seinem Anwalt die Freiheit versprochen wurde. Igor Bederin würde für die Ermittlungen gegen seine Kollegen vier Millionen Rubel erhalten, nach damaligem Kurs etwa 100 000 Euro. Diese Aussagen der Zellengenossen sind protokolliert, die Protokolle liegen den Behörden und auch Hinstein vor. All das und all die Proteste von anderen Polizisten und auch Stadtoberen von Tscheljabinsk verhinderten aber nicht den 14. August 2013.

Frühmorgens klingelt es bei Tante Tanja. Sie macht auf. Vier Männer stehen in der Tür. Sie weisen sich als Polizisten aus und verlangen Aljoscha zu sehen. Sie wundert sich, denn er wohnt weder bei ihr, noch hat er dort übernachtet. Das erklärt sie den Beamten auch, was diese wiederum merklich verwundert. Sie bitten Tatjana, ihren Sohn zu kontaktieren. Aljoscha sagt am Telefon: »Glaub ihnen kein Wort.« Dann legt er auf.

Die Männer geben Tante Tanja Schriftstücke. Ein Durchsuchungsbeschluss sowie ein Schreiben, in dem die Vorwürfe gegen Aljoscha und die anderen aufgelistet sind. Folter, Nötigung, Androhung sexueller Gewalt. Sie liest und merkt, wie ihre Knie weich werden. »Wir empfehlen Ihnen, die Folterwerkzeuge Ihres Sohnes freiwillig auszuhändigen«, sagt der Chef des Durchsuchungsteams.

Irgendwann finden die Beamten Aljoschas Diplom. »Ihr Sohn hat einen Doktortitel in Jura?«, fragen sie. »Allerdings hat er den«, antwortet sie. Als die Männer gehen, legt sie sich aufs Sofa und regt sich nicht, eine Stunde lang, in vollkommener Stille. Dann telefoniert sie und hört, was ihrem Sohn droht: zehn Jahre Lagerhaft.

Diese Durchsuchung wird später vor Gericht für unrechtmäßig erklärt werden. Doch in diesem Moment bricht für Aljoschas Mutter eine Welt zusammen. Sie glaubt den Anschuldigungen nicht. Aber noch schwerer fällt es ihr zu glauben, dass alles gut ausgeht.

Tante Tanja kommen immer noch die Tränen, wenn sie von diesen Tagen erzählt. Wir sitzen in ihrer Küche, wie so oft in diesen Tagen, da sie mir von Aljoschas Geschichte erzählt.

»Ich denke schon manchmal«, fängt sie ihren Satz an und seufzt, als wüsste sie nicht, ob sie solche Gefühle zulassen soll, »was hat dieser Bederin für eine Mutter? Sie hat ihn doch sicher auch erzogen, damit er ein guter Mensch wird. Aber er ...« Dann hört sie auf und wischt sich durchs Gesicht. Vielleicht seien zu viele Menschen neidisch gewesen auf ihren Sohn, mutmaßt sie. Eine so hohe Stellung in so jungen Jahren, eigene Wohnung, Auto, eine Perspektive.

Ich kann nur ansatzweise erahnen, was für ein furchtbares Jahr 2013 für Tante Tanja gewesen ist. Im Mai wird bei ihr Krebs festgestellt. Es folgt eine OP. Sie ist immer noch geschwächt, aber zu Hause – und dann klingelt es an diesem verdammten 14. August an der Tür.

Es ist in diesem Moment mehr als zweifelhaft, ob ihr Sohn jemals aus dieser Sache rauskommt. »Ich habe mich da schon gefragt: Was habe ich nur falsch gemacht? Warum passiert das alles?« Tante Tanja erzählt, dass eine Freundin von ihr vor Jahren schon religiös geworden sei und die vielen restaurierten orthodoxen Klöster in Russland besuche. »Aber das ist einfach nichts für mich.«

Ich muss an die beiden Freunde meines Vaters denken, die ich in Moskau getroffen habe, Wadim und Kaunow. Auch sie waren ja zu Klöstern unterwegs. Fast scheint es mir, als wäre halb Russland der Kirche in den Schoß gefallen, und die andere Hälfte stellt mit leichtem Bedauern fest, dazu nicht mehr in der Lage zu sein.

Nachdem die Ermittler aus der Wohnung von Tante Tanja sind, steht wochenlang ein Auto vor ihrer Tür. Bederin hat zwischenzeitlich zwanzig Beamte für seine Jagd zur Verfügung.

Als das Auto weg ist, meldet sich ein Freund von Aljoscha und bringt Tante Tanja zu ihrem Sohn, der sich da gerade unweit der Stadt versteckt. Gleichzeitig fahren mehrere Wagen los, die anderen werden auch von Aljoschas Freunden gefahren, sie dienen zur Tarnung. Es ist ein Agentenfilm, in dem Tante Tanja nie eine Rolle spielen wollte. »Aljoscha saß da in einer Garage auf so einem hohen Sessel«, erinnert sie sich, »wie ein Chef, als hätte er alles im Griff.«

Sie beginnt dann so laut zu weinen, dass der Freund, der sie zu Aljoscha gebracht hat, sie ermahnt, doch etwas leiser zu sein. Sie wisse schon, sie dürften nicht auffallen. »Aljoscha hat dann gesagt: ›Mama, selbst wenn die Sache schlecht ausgeht und sie mich kriegen, lasse ich mich nicht hängen. Ich studiere noch etwas im Gefängnis und ...‹ Ich habe ihn unterbrochen: ›Junge, was redest du denn da? Das darf doch nicht passieren!‹«

Was passieren darf, kann oder wird, weiß am 14. August 2013 niemand. Aljoscha selbst weiß nur – als er den Anruf seiner Mutter bekommt –, dass die Sache »lange dauern wird«.

Den Polizisten ist schon eine ganze Weile klar, dass gegen sie ermittelt wird. Sie verstehen auch, dass es ernst ist, denn selbst die Verurteilung Malows und prominenter Beistand aus Tscheljabinsk und Moskau haben dem Spuk kein Ende bereiten können. Sogar in der Administration von Präsident Wladimir Putin werden Fürsprecher der Polizisten vorstellig – aber der Wahnsinn scheint nicht mehr aufzuhalten. Zwei Polizisten werden festgenommen. Außer Aljoscha taucht noch ein weiterer Polizist unter, um einer Verhaftung zu entgehen. Das Verbrechen siegt – vorläufig.

Es ist dieses absurde russische Doppelproblem. So manche Schwierigkeit im Land entsteht durch eine zu große Machtfülle des Kremls. Gleichzeitig können aber viele Probleme nicht gelöst werden, weil diese Macht in den Regionen doch nicht weit genug reicht. Wird es ernst, versucht Moskau einzugreifen, mit Anweisungen, Drohungen, Geld. Aber es klappt nicht.

In Aljoschas Fall aber machen die Häscher einen entscheidenden Fehler, denn sie rücken bei seiner Mutter an, weil er dort gemeldet ist. Er wohnt allerdings einige Straßen weiter.

»Als meine Mutter anrief, habe ich in meiner Wohnung meinen Pass geschnappt und bin raus«, erzählt Aljoscha.

Er erzählt das jetzt einfach so. Aber wie es damals um ihn stand, zeigen Texte, die er während seiner Flucht geschrieben hat, in dunkelster Stunde, nachdem Bederin, um den Fahndungsdruck zu erhöhen und sein Vorgehen zu legitimieren, in der Lokalpresse darüber fabuliert hatte, dass das Verbrechen der Polizisten »sicher kein Einzelfall war«. Es war der Versuch, Aljoscha und die anderen als rituelle Gewalttäter hinzustellen. »Was ist dieses Verhalten, wenn nicht Rufmord, wenn nicht Verbreitung von Falschinformationen?!!! Die Lügen, die dem Gericht über uns aufgetischt wurden, sprechen von einer Verfehlung, und auch die ist ausgedacht. Wo ist seine Berechtigung, davon zu sprechen, dass es kein Einzelfall ist?!!!!!!«

Die vielen Ausrufezeichen sind in diesem Fall Verzweiflungszeichen. Was sollen Nachbarn und Verwandte denken? Wie schlimm wird es noch? Hört es je auf?

Eines Tages fahren wir ins Umland, wo er einem Freund dabei hilft, eine Datscha zu errichten. Wir fahren eine Straße entlang, die von Fabrikschloten gesäumt ist, die nie aufzuhören scheinen. »Ich baue mir auch etwas auf, wenn ich erst einmal wieder richtig auf den Beinen stehe«, sagt Aljoscha. Das sagt er häufiger in diesen Tagen. Aber manchmal auch: »Die haben mir zweieinhalb Jahre geklaut.« Dann wird er laut, und ich denke, er will gar nicht laut werden, aber es bricht aus ihm heraus, wie der Rauch aus den Schloten, weil sonst alles explodieren würde, in der Stadt, in ihm.

»Am Anfang war ich sehr paranoid«, erzählt Aljoscha. Er habe eine Nacht im Wald geschlafen, einfach, weil er nicht sicher gewesen ist, wem er trauen kann. Die merkwürdigste Geschichte seiner Flucht erlebt Aljoscha direkt in der ersten Woche. Er versteckt sich da in einem Tunnel in Tscheljabinsk. Er zeigt mir diesen Tunnel, der unter einem Bahndamm langführt und stillgelegt worden ist. Zu beiden Seiten sind Gleise, wieder Gleise, von Gleisen kommt Aljoscha nicht los. Dort sitzt er, kurz nachdem er verhaftet werden sollte. Er weiß nicht weiter.

Plötzlich kommt ein Mann durch den Tunnel. Aljoscha erkennt ihn. Es ist ein Polizist, mit dem er früher einmal zusammengearbeitet hat – und der nun ihn und den zweiten Flüchtigen suchen soll. »Ljoscha, hau ab, ich verpfeife dich nicht«, habe der nur gesagt und sei weiter durch den Tunnel gegangen, als sei nichts passiert. »Ich war sprachlos. Als hätte ich einen Geist gesehen«, sagt Aljoscha und flucht dann ausgiebig.

Es ist bisweilen schwierig für mich zu verstehen, in was für einer komplizierten Gemengelage sich ein ranghoher russischer Polizist wie Aljoscha bewegt. Was ich ihm glaube, immer schon und heute auch, was mir in diesen Wochen in Tscheljabinsk auch sein ganzes Umfeld bestätigt, ist seine Ehrlichkeit. »Wenn du dich einmal bestechen lässt, bist du erledigt«, sagt Aljoscha.

Ich habe aber auch verstanden, aus den vielen Geschichten seiner Freunde, Polizisten und Zivilisten, dass er mit seiner Art anecken kann, weil er nicht einfach so ehrlich ist, sondern undiplomatisch ehrlich. Der Geheimdienstler, der die Bande um Malow gedeckt hat, wie Aljoscha damals schon wusste, hat ihn mal angerufen und eine »produktive Zusammenarbeit« vorgeschlagen. Aljoscha schreit fast, wenn er davon erzählt. »Ich habe ihm nur gesagt: ›Ruf mich nie wieder an. Vergiss meine Nummer. Hast du mich verstanden?‹«

Er erzählt auch, dass der Chef von Malows Bande versucht habe, ihn zu kaufen. Sie kannten sich, weil der Bandenchef Aljoscha mal von einem anderen Polizisten als »guter Informant« vorgestellt worden war. Später verstand Aljoscha, dass diese Beamten zum Kreis jener gehörten, die ihre schützende Hand über die Bande hielten. Aljoscha hat ihm gesagt, dass er ihn kriegen wird, früher oder später. Daraufhin habe der Bandenchef ihn gewarnt: »Mein Mann beim Geheimdienst sagt, dass du unhöflich mit ihm redest. Du musst wissen, was geht und was nicht. Diese Leute können alles mit dir machen.«

Wir verlassen die Ausfallstraße, statt Fabriken stehen nun Bäume am Wegesrand, die Natur wird schöner und die Straßen schlechter, es kommt das Umland von Tscheljabinsk, wo Aljoscha auf seiner Flucht viel Zeit verbracht hat. Weit weg wollte er nicht, weil er sich um seine Mutter kümmern wollte und natürlich auch wegen seinem Sohn, den er mit Hilfe von Freunden in dieser Zeit immerhin einige Male zu Gesicht bekommen hat.

»Zweieinhalb Jahre ...«, sagt Aljoscha mit kaum zu unterdrückender Wut in der Stimme. Es ist, als hätte er sich selbst noch nicht ganz davon überzeugt, dass er der Welt verziehen hat.

»Das Leben geht ohne einen einfach weiter«, sagt Aljoscha. Er hat seine Umgebung lange durch die Erzählungen seiner Freunde wahrgenommen. »Als wäre ich tot und würde von oben zuschauen. Die Welt dreht sich einfach weiter. Nichts hört auf, weil einer fehlt.« Aljoscha wirkt in Momenten, in denen er so was sagt, eher aufgebracht als nachdenklich. Überhaupt ist er durch seine zweieinhalb toten Jahre eher geladen als gestrandet, will alles auf einmal, will nachholen.

Wenn er davon hört, wie meine Freunde und ich leben, in Berlin und Europa, dann verfolgt er die Geschichten mit großem Interesse. Irgendwann sagt er aber: »Weißt du, der Welt ist es egal, ob du ein Buch schreibst oder ein Bild malst. Wir müssen zufrieden sein mit dem, was wir haben.«

Diese ganze Geschichte – von zweieinhalb verlorenen Jahren, von zwei Blutergüssen, von einer großen Ungerechtigkeit –, sie könnte eine zum Heulen sein. Aber die Menschen in Tscheljabinsk, vor allem Aljoscha, sind einfach nicht so gestrickt. Ob nun die Entbehrungen der unendlichen russischen Weite, jene des Kommunismus oder das raue Klima sie hart gemacht haben oder ob sie sich nur so lange davon überzeugt haben, dass sie hart sind, bis sie es tatsächlich waren, ich weiß es nicht. Aljoscha jedenfalls hat sich nicht hängen lassen. »Natürlich hätte es schlecht ausgehen können. Aber ich wäre dadurch ja kein anderer geworden.«

Aljoscha erzählt, dass er auf der Flucht Bäume gefällt hat, in einer entlegenen Gegend, er wurde in einer Arbeitsbrigade sogar Vorarbeiter. Er musste ja arbeiten, Geld verdienen, er brauchte auch eine Aufgabe. Stillsitzen ist nicht, aufhören geht nicht. Geht einfach nicht.

Ich will dann von ihm wissen, was er noch gemacht hat in der ganzen Zeit. »Ich bin gelaufen, lange Distanzen, zwanzig Kilometer, dreißig Kilometer«, sagt er. Er habe die Symbolik schon erkannt, während sie entstand: der lange Lauf zurück, unendliche Kilometer, zweieinhalb Jahre, nur wer durchhält, verdient es anzukommen. Er habe sich in »permanenter Selbstüberwindung« befunden, nicht aufgeben, nicht die Hoffnung, nicht sich selbst. Ankommen. Durch den Schnee, die Gleise entlang. Durch die Nacht. Zur nächsten Stadt. Weiter.

»Wenn du läufst, schwitzt du erst. Dann hörst du irgendwann auf zu schwitzen und wirst müde. Doch wenn du noch weiterrennst, einfach weiter, wird dir irgendwann sogar kalt und ...«, sagt Aljoscha. Dann klingelt sein Handy. Er spricht einige Minuten, und irgendwann fällt wieder dieser Satz: »Wenn ich erst einmal wieder richtig auf den Beinen stehe ...«

Aljoscha ist kein Naturtalent, was die Ausdauer angeht. Aber er ist hartnäckig. Wir laufen viel in diesen Tagen, während er mir seine Geschichte erzählt, davor und danach, weiter und zu weit, sein Riesenkörper pumpt und bleibt in Bewegung. Mit Aljoscha durch einen Wald zu laufen ist so, wie ich es mir vorstelle, von einem Bären verfolgt zu werden. Du hast keine Chance.

Als wir nach langer Autofahrt ankommen, sehe ich, wie die Zeit Aljoscha fehlt. Wir stehen auf einem Grundstück, das mit einem schiefen Zaun abgesteckt ist. Dort entsteht ein Haus, unweit liegt ein See, zwei Birken krümmen sich im Wind. Es ist still. So eine Gegend, die einen an Industriestädte wie Tscheljabinsk denken und fragen lässt: Wozu das? Viele von Aljoschas Freuden haben, während er durch den Wald lief, durch Schnee und Nacht, mit kaputten Zehen und nur noch Leere im Kopf, Familien gegründet, Häuser gebaut. Ihre Wurzeln tiefer in die Erde getrieben.

Er selbst ist wiederaufgetaucht, nachdem seine inhaftierten Kollegen vor Gericht von allen Vorwürfen freigesprochen wurden. Aljoscha und die anderen Polizisten sind rehabilitiert, viele haben für sie gekämpft, die Gerechtigkeit hat gesiegt. Die Zeit bringt ihnen niemand zurück.

Ohne seine Freunde hätte er das alles nicht überstanden. Sie haben ihn versteckt, ihm Essen gebracht, Geld geliehen. Vielleicht liegt es an ihnen, dass sein eigener Fall Aljoscha nicht am großen Ganzen zweifeln lässt und nicht an seinem Land verzweifeln. Er ist ein stiller Patriot, aber er ist einer geblieben.

»Wir haben in Russland unsere Wahrheit, und der Westen hat seine«, sagt Aljoscha einmal, als im Staatsfernsehen über das westliche Komplott gegen russische Sportler berichtet wird. Diese stecken schon länger knietief im Dopingsumpf fest. Nach russischer Lesart ist aber all das eine Verschwörung. Dabei wird keinesfalls behauptet, die eigenen Sportler seien alle sauber. Es wird nur viel Energie darauf verwendet festzustellen, dass alle Sportler überall auf der Welt dopen, vor allem natürlich die Amerikaner. Es gibt niemanden, der sauber ist, nichts, das gut ist. Jeder ist verdorben, alles erlaubt. Die Welt ist schlecht. So defätistisch hat oft schon mein Vater argumentiert. Manchmal kann ich echt nicht anders, als an Russland zu verzweifeln.

Natürlich könnte Aljoschas Geschichte beispielhaft für das Böse in der Welt stehen – vor allem aber dafür, was falsch läuft in Russland, weil wegen eines korrupten Netzwerks Polizisten statt der Diebe leiden mussten. Sie kann aber auch beispielhaft dafür stehen, dass die Korruption endlich bekämpft wird in Russland, denn mächtige Kriminelle mit besten Verbindungen mussten am Ende ihre Niederlage einstecken.

Der Fernseher läuft. Nachrichten. »Schakro Molodoj« wird verhaftet, Schakro der Jüngere, mächtigster Boss der berüchtigten kriminellen Organisation »Diebe im Gesetz«. Er wird von vermummten Polizisten öffentlichkeitswirksam in Handschellen abgeführt. Russland räumt auf. Wirklich? Oder ist das nur die Spitze eines Eisbergs, der unter Wasser mächtiger ist denn je?

Aljoschas Geschichte jedenfalls ist ungewöhnlich, denn noch immer gilt eine Rehabilitierung in Russland als Fehler im System.

Der Fall hat auch noch eine weitere Ebene. Aus den Berichten russischer Medien geht hervor, dass die inhaftierten Polizisten nicht nur den mächtigen Autodieben im Weg waren. Im Hintergrund soll ein Machtkampf um den Posten des Polizeichefs der Region getobt haben, der mit diesem spektakulären Desaster um Polizeifolter in Verbindung gebracht und dann abgesägt hätte werden sollen. Damit sollte wiederum der damalige Gouverneur der Oblast Tscheljabinsk, also in etwa ein Ministerpräsident, geschwächt werden. Zwei Clans kämpfen um die Herrschaft in der Region, oft mit unlauteren Mitteln. So schreiben es die Zeitungen, so erzählen es die Leute. Aljoscha ist in die Mühle dieses Kampfes geraten. Russland ist bisweilen unerbittlich – und unerbittlich kompliziert.

Als wir eines Abends bei Aljoscha sitzen und über Gott und die Welt diskutieren, sagt er: »Früher wäre ich irgendwo verscharrt worden. Im heutigen Russland konnte ich mit rechtsstaatlichen Mitteln kämpfen.« Ich frage, was mit den

Schuldigen an seinem Schlamassel ist.« Bederin arbeitet weiter. Ich denke manchmal, das kann doch nicht sein! Aber wir hören nicht auf zu kämpfen, damit er irgendwann zur Verantwortung gezogen wird.«

Aljoscha fährt fort: »Ich war nach der Rückkehr wie ein Igel, ich konnte nicht normal mit Leuten umgehen.« Doch es ist ihm wichtig, diese Zeit aufzuarbeiten. Erst dann will er Neues beginnen. Und sogar reisen, Urlaub machen. So etwas kam für ihn früher nicht infrage. »Ich mag das nicht so, ohne eine Aufgabe so zum Spaß irgendwohin fahren«, hat er mir einmal am Telefon erklärt, als ich ihn nach Deutschland eingeladen habe.

Aljoscha sagt aber auch: »Ich bin rehabilitiert. Ich bin zu Hause, lebe unter meinem eigenen Namen. Das ist das Wichtigste.«

Dann verlassen wir Aljoschas Wohnung, biegen um die Ecke und laufen beinah in eine junge Frau, die abrupt etwas besorgt aussieht. Aljoschas Exfreundin. Er fragt, ob sie nicht ein Stück mit uns laufen möchte, spazieren, durch die Stadt. Sie stammelt etwas von irgendwelchen Aufgaben, es hört sich nach einer Ausrede an. Aljoscha sagt: »In Ordnung.« Schon gehen wir weiter.

»Wir waren lange Zeit zusammen, also sehr lange«, sagt er. Etwa zur Hälfte der Zeit, die er untergetaucht war, sei es zu Ende gewesen. Irgendwas ist vorgefallen, er will nichts erzählen, sondern sagt nur: »Traurige russische Geschichte. Das Mädchen hat nicht auf den Soldaten an der Front warten wollen.« Er versucht das alles wegzulächeln, seinen letzten Satz, seine lange Geschichte, all diese Schwere. Und ich denke daran, dass Aljoschas Exfreundin unmöglich hatte wissen können, wie alles ausgeht, wie niemand es hatte wissen können.

Es ist, als wäre Aljoscha in einen sibirischen Schneesturm geraten, bei dem es kein Vorne und kein Hinten gibt und kein Licht. Und doch: Er hat es rausgeschafft.

## 16. Wenn ich geblieben wäre

Eine Frage beschäftigt mich, seit ich in Tscheljabinsk bin: Was wäre, wenn wir nicht fortgegangen wären?

Es war 1993 ja keinesfalls alternativlos, dass wir nach Deutschland gehen. Selbst meine Mutter, die treibende Kraft hinter der Auswanderung – deren eigene Mutter und beide Schwestern schon drüben waren –, hat lange gehadert. Sie hat mir mal erzählt, sie habe die Entscheidung erst fällen können, nachdem ihre damaligen Arbeitskollegen giftig nachgefragt hätten, wann sie denn nun gehe, in *ihr* Deutschland.

Natürlich waren diese Arbeitskollegen sicher einfach neidisch, dass meine Mutter und mit ihr wir alle die Möglichkeit hatten, das chaotische Russland der 90er-Jahre zu verlassen. Aber es ist schon eine bittere Ironie, dass dieses Deutschland, aus dem die Ahnen meiner Mutter stammen und in dem sie und mein Vater nun seit fast einem Vierteljahrhundert leben, nie *ihr* Deutschland geworden ist. »Wie oft habe ich mir gedacht: Was haben wir nur getan?«, sagte mir meine Mutter einmal in einer für sie schweren Stunde. »In Tscheljabinsk ging es uns doch gut. Wir waren oft im Theater, bei Freunden zu Besuch, wir waren doch ...« Ich muss meine Mutter wohl sehr fragend angeschaut haben, denn sie fuhr fort: »Ja. Jeder Mensch neigt wohl dazu, seine Jugend zu idealisieren.«

Irgendwie war es aber auch so, dass wir damals gehen mussten. Wegen meiner angeschlagenen Gesundheit, wegen der schlechten Luft in Tscheljabinsk – und vielleicht auch, weil unsere Familie sich dort verbraucht hatte. Der normale Weg zu dieser Zeit wäre gewesen, dass meine Eltern sich trennen und die Familie sich im riesigen Russland zerstreut. So machten das viele damals, sehr viele. Meine Eltern nicht. Doch selbst mein Vater, der die Auswanderung nach Deutschland als großes Unglück betrachtet, hat einmal gesagt, dass wir aus Tscheljabinsk wegmussten. »Irgendwo an die Wolga vielleicht«, meinte er auf meinen fragenden Blick, wohin wir denn sonst hätten gehen können.

Ein bisschen ist es das Gleiche mit Russland und den möglichen Wegen, die das Land hätte nehmen können. Auch wenn mein Vater in der Russland-Westen-Kontroverse mit beiden Füßen im Osten steht, auch wenn er die kommunistische Vergangenheit heute viel positiver und vom Westen als zu harsch abgeurteilt betrachtet – der Kommunismus der damaligen sowjetischen Prägung hat auch seiner Meinung nach untergehen müssen. So hat er es schon immer gesehen, und so sagt er es mir am Telefon, als ich ihn aus Tscheljabinsk anrufe. »Es war ein Land, in dem sich die Menschen gegenseitig am Arbeiten gehindert haben. Es musste sich schon etwas ändern. Nur nicht so.«

Ich habe meinen Vater nicht einfach so angerufen, sondern von einem besonderen Ort aus. Ich stehe vor dem Haus, das ich am stärksten mit meiner Kindheit verbinde. Auch wenn das Tscheljabinsk meiner Kindheit nur eine Schimäre in meinem Kopf ist – dieser Ort, dieses Haus, sie sind konkret. Ein grauer Riegel, neun Stockwerke, acht Aufgänge, ein Innenhof mit Spielgeräten, ein Fußballplatz. Gleich daneben eine Schule – meine ehemalige Schule.

Das Haus liegt an der Ulitsa Bratja Kashyrinih, einer autobahnartigen Hauptstraße, die nach zwei kommunistischen Kosaken-Kommandeuren benannt ist. Die unteren Stockwerke der wie Legosteine hintereinander aufgereihten Plattenbauten sind mit kleinen Läden bestückt. Es sind heute viel mehr Plattenbauten, wo früher Schluss war und der Wald begann, geht es heute weiter und weiter.

Die Innenhöfe sind weitläufig. Einer dieser Innenhöfe wurde mit einem Sportzentrum zugebaut, das als eine der führenden Institutionen Russlands für Judo gilt und von Wladimir Putin eröffnet wurde. Sonst gibt es überwiegend kleine Supermärkte und viele Filialen »Krasnoje y Beloje« – Rotes und Weißes – ein Laden für Bier, Wein und Sprit.

Ich stehe also in *meinem* Innenhof. Hier habe ich mich zum ersten Mal geprügelt, viele Tore beim Fußball geschossen und mit deutlich weniger Erfolg Eishockey gespielt, bei bis zu zwanzig Grad unter null, um dann nach Hause zu rennen und vor Schmerzen zu schreien, weil es bestialisch wehtut, wenn halb eingefrorene Finger wieder auftauen.

Aus diesem Innenhof habe ich irgendwann meine Mutter kommen sehen, mit gesenktem Kopf und vollgekritzelten Unterarmen. Dort standen Nummern drauf, für all die Warteschlangen, in denen sie für Brot und andere Lebensmittel anstehen musste. Das war in den finsteren Zeiten, als alles knapp geworden war. Als auszuwandern die einzig vernünftige Alternative schien.

In diesen Innenhof habe ich meinen Vater runtergehen sehen, zum Parkplatz, als die Zeiten besser waren, wo ein Chauffeur auf ihn gewartet hat, um den Herrn Ingenieur zur Arbeit zu bringen.

Und jetzt ist dieser Innenhof nicht mehr als eine schlecht gepflegte Freifläche mit ziellos verstreuten Spielgeräten für die Kinder. Aber Kinder sehe ich hier keine. Da komme ich mir gleich alt vor, als ich innerlich zu schimpfen beginne, dass niemand mehr draußen spielt. Wir haben früher noch draußen getollt!, sagt meine innere Stimme. Und eine andere antwortet: Ja, Opa, ist ja gut.

Ich laufe die wenigen Schritte zu meiner alten Schule, die so aussieht, als wäre ihr rotbrauner Anstrich mindestens eine Dekade zu alt. Dort komme ich aber nicht rein. Es gibt eine Wachfrau. Sie sagt mir barsch: »Nur mit Genehmigung!« In Russland kommt niemand einfach so in Schulen, Krankenhäuser oder andere öffentliche Gebäude. So ist das halt.

Ich weiß auch nicht, was genau ich mir davon versprochen habe, hierherzukommen, aber ich musste es einfach tun.

Ich laufe meinen alten Schulweg zurück, es sind vielleicht einhundert Schritte, bis zu einer Bank gegenüber der schweren Metalltür, durch die ich früher immer nach Hause gekommen bin.

Wenn wir nicht fortgegangen wären, hätte ich weiter hier gewohnt, vermutlich noch lange. Mein Vater hätte mich wohl vom Armeedienst freigekauft, das machten damals alle, die es sich irgendwie leisten konnten. Ich wäre früher erwachsen geworden, wie Russen das so passiert. Es liegt daran, dass die Schule früher endet und das Studium schneller absolviert wird, aber es liegt auch an einem anderen Wertesystem. Dieses Land ist es nicht gewohnt, Menschen in Watte zu packen. Es wirft sie kompromisslos ins Freie.

Was hätte ich hier für ein Leben gehabt? Vielleicht ja gar keins, kommt mir in den Sinn. Wir sind schließlich auch weggezogen, weil ich hier so oft krank war. Wer weiß, wie sich das alles entwickelt hätte.

So, wie ich dasitze und überlege, stelle ich fest, dass ich kein Bild von mir als russischem Erwachsenen bekomme. Obwohl das der wahrscheinlichste Verlauf ist, den mein Leben hätte nehmen können – in Russland aufwachsen, hier arbeiten, leben, lieben, hier alt werden –, erscheint mir all das so weit weg, dass sich noch nicht einmal ein Fantasieszenario fügt. Vielleicht wäre ich ja nach Moskau gegangen, hätte studiert, irgendwas mit Medien, und wäre dann ein vollständig aus seinem eigenen Zynismus bestehender TV-Mensch des russischen Staatsfernsehens geworden. Oder auch nicht. Ich will nicht mehr darüber nachdenken. Ich gehe.

Bei einer unserer Fahrten durch Tscheljabinsk hatte Aljoscha mir gesagt: »So, wie ich das sehe, haben wir alle verloren, weil ihr nach Deutschland gegangen seid. Deine Eltern haben es dort schwer. Und meine Mutter und ich hatten es auch nicht leicht hier. Zusammen wären wir stärker gewesen.« Ich war überrascht davon, dass mir noch nie zuvor der Gedanke gekommen ist, wir hätten jemanden in Russland im Stich gelassen. Haben wir das? Am Ende ist natürlich jeder für sich selbst verantwortlich, und immer wenn jemand geht, bleibt ein anderer zurück. Aber es ist auch so, dass die Emigration eine Wunde ist, die viele zurückbehalten – und die nicht nachhaltig zuheilt.

Wenn ich Aljoscha und seine Ansichten entlang der bestehenden Konfliktlinien zwischen Ost und West betrachte, ist er schon klar auf der russischen Seite der Gegenwart. Er ist kein Hurra-Patriot, er ist nicht blind für die Probleme des Landes, aber seine Perspektive ist klar. Bei mir verhält es sich genau umgekehrt. Und irgendwie bilde ich mir ein, dass ich, auch wenn ich in Russland aufgewachsen wäre, im Zweifel die Freiheit westlichen Musters favorisiert hätte, egal, wie angegriffen, abgedroschen und zweifelhaft sie auch sein mag.

Es mag sein, dass das purer Unsinn ist. Dass ich nicht, wie mein Nachnamens-Vetter Gennadi Afanasjew und seine Mitstreiter auf der Krim, Suppe gegen die Okkupation gekocht, sondern solche Leute belächelt hätte. Oder einfach mein eigenes Süppchen gekocht, wie die meisten Leute das so machen, in Russland zumal, wo politisch sein vor allem bei jungen Menschen zuweilen als Charakterschwäche gedeutet wird.

Ich beschließe, die Frage, wie ich als Russe wohl geworden wäre, ruhen zu lassen. Ich bin ja auch aufgebrochen, um herauszufinden, wie Russland ist und ob es dieses authentische, wahre Russland gibt, das sich nur völlig legitim gegen den bösen Westen wehrt. Das Russland, wie viele Russen es sehen – und wie mein Vater es sieht.

Für ein Fazit ist es noch zu früh. Aber bisher sehe ich ein Land, das sich so sehr am Westen orientiert, dass sogar die Innenstadt meines heimatlichen Tscheljabinsk – immerhin die Stadt der harten Kerle – optisch wie eine Verlängerung einer bundesdeutschen Einkaufsmeile daherkommt. Ein Land, das der Suche nach sich selbst müde geworden ist und sich nun bemüht, eine wertekonservative Version des Westens zu werden.

Als ich zurück zu Aljoschas Wohnung gehe, komme ich am Panzerdenkmal von Tscheljabinsk vorbei. Ein T34 auf einem Sockel, der Gewehrturm ist auf eine Hauptkreuzung gerichtet. Hinter dem Panzer erhebt sich ein neuer Wohnturm in den Himmel, eine verglaste Trutzburg. Der Panzer und die Vergangenheitsverklärung bleiben auf Augenhöhe für das Volk – und das neue große Geld steckt unerreichbar für die meisten irgendwo über ihren Köpfen.

Tscheljabinsk ist meine Wegmarke gewesen – von hier aus wird es geradewegs nach Osten gehen.

Ich kaufe für den nächsten Tag ein Zugticket. Zuerst nach Jekaterinburg, dann zum Baikal, schließlich nach Wladiwostok, bis an den Pazifik.

## 17. Baukran-Ballett

Dort, wo bald die Fußballweltmeisterschaft ausgetragen wird, kommt vor meinen Augen gerade eine ganz andere Sportart zur Aufführung: Ich nenne sie Baukran-Ballett. Etwa zwanzig riesige Baukräne drehen sich, heben Lasten, hieven Stahlträger auf Stahlträger, wenden sich synchron oder verharren, während unten auf der Baustelle jemand etwas nach oben brüllt. Baukran-Ballett ist sehr dynamisch, industriell, chaotisch bis brachial, eine Disziplin für echte Männer.

Gebaut wird am Stadion von Jekaterinburg. Die Stadt wird der östlichste Austragungsort der Weltmeisterschaft. Offiziell wird das Stadion übrigens nur umgebaut, was ein seltsam unpassender Ausdruck ist, denn außer einem Teil der gelblichen neoklassizistischen Sowjetfassade bleibt kein Stein auf dem anderen. Die Wahl des Wortes *Umbau* liegt wohl daran, dass die Stadtoberen den Zorn des Volkes fürchten. Natürlich kostet all das Baukran-Ballett viel. Dabei wurde das Stadion erst 2011 feierlich wiedereröffnet, nach einer umfassenden Modernisierung.

Zur WM soll es knapp 37 000 Zuschauern Platz bieten. Und danach wird es schon wieder zur Baustelle, denn es wird dann teilweise zurückgebaut, damit der russische Erstligist Ural Jekaterinburg nicht vor halb leeren Rängen spielen muss. Das macht drei massive Investitionen in ein Stadion in einem Jahrzehnt, bezahlt aus Steuergeldern. Den Grund dafür kennen alle, denn jede Baumaßnahme bietet den nationalen und lokalen Autoritäten eine willkommene Gelegenheit, Geld umzuleiten. Es ist eine riesige, gut geölte Umverteilungsmaschine für Rubel, von unten nach oben, aus der Staatskasse auf die privaten Konten einiger weniger. Aber in zehn Jahren drei Mal ein Stadion umbauen ... das ist selbst für russische Verhältnisse krass.

Ich beobachte also das Baukran-Ballett – weil ich es auf eine absurde Art erbaulich finde. Aber auch, weil mir eine russische Baustelle irgendwie anders erscheint als eine deutsche. Es gibt Arbeiter, Bagger, Kräne, Bauhelme, Lastwagen, Gittertore, Männer mit müden Gesichtern, Männer, die nicht aus dem Land stammen, in dem sie arbeiten. All das gibt es in Deutschland auch. Erst nach und nach verstehe ich, dass es am Einsatz von Menschen und Material liegt, der in Russland einfach höher ist.

Auf einer deutschen Baustelle dieser Größe wäre nur halb so viel los, wären weit weniger Menschen zugange. Vielleicht würden sie effizienter arbeiten, aber sie wären halt weniger. Was mich also wirklich fasziniert, ist der Blick auf ein Land, das erst noch aufgebaut wird.

In Moskau habe ich am Anfang meiner Reise beobachtet, wie ein Wohnhochhaus errichtet wird – in der Nacht, angestrahlt von überdimensionalen Baustellenscheinwerfern. Manche Baustellen werden durchgehend an sieben Tagen in der Woche bedient, von Brigaden aus Zentralasien, die sich stetig abwechseln. Russland hat eben etwas aufzuholen.

Während ich also in Jekaterinburg zwei in entgegengesetzte Richtungen schwenkende Kranarme betrachte, hält neben mir eine Frau auf ihrem Fahrrad. Sie guckt in die gleiche Richtung wie ich. »Ja, oder?«, sagt sie, als wären wir alte Bekannte, die ein Gespräch fortsetzen. »Was?«, frage ich. »Ich kann auch nicht fassen, dass die das Ding schon wieder neu machen. Das kann doch nicht wahr sein«, sagt sie.

Ja, die Leute sehen, wohin das Geld fließt. Teuer sind sie, die Aufführungen des staatlichen russischen Baukran-Balletts.' Schön, teuer und häufig.

Schön ist auch Jekaterinburg, mit 1,4 Millionen Einwohner die viertgrößte Metropole Russlands, vor Tscheljabinsk die größte des Ural. Verglichen mit meiner Heimatstadt kommt sie wesentlich eleganter daher. Hier haben sich wie sonst wahrscheinlich nur in Moskau die Konstruktivisten architektonisch verewigt. Gebäude, die vor allem funktional sind statt verspielt, einfachen geometrischen Figuren nachempfunden. Sie haben den ganzen Tand vorheriger Epochen scheinbar mühelos von sich geworfen. Ich spaziere die Stadt ab. Der große Rundbau des Hotels Isset fällt auf, außerdem der Weiße Turm, ein Wasserturm, der auf mich aus der Ferne wirkt wie ein Raumschiff. Viele Gebäude erinnern an die Weiße Stadt in Tel Aviv, wo sich die Bauhaus-Architekten ausgetobt haben.

Daneben gibt es in Jekaterinburg aber auch verspielte Bauwerke aus der Zarenzeit, denn die Stadt wurde als *Fenster nach Asien* gesehen, das entsprechend hübsch sein musste, damit niemand einen allzu großen Schreck bekommt angesichts des riesigen wilden Kontinents jenseits der damaligen Zivilisationsgrenze. Mit der Zarenzeit hängt auch die berühmteste Episode der Stadtgeschichte zusammen. 1918 ließen die Bolschewiki hier den letzten russischen Zaren, Nikolaus II., mitsamt seiner Familie umbringen. An der Stelle, wo früher das Haus gestanden hatte, in dem das Verbrechen passierte, ließ der spätere russische Präsident Boris Jelzin 2003 die Kathedrale auf dem Blut errichten. Sie wurde im historisierenden neubyzantinischen Stil gebaut und ist damit ein sehr neues Gebäude, das sehr alt wirken will, und wie das meistens so ist, klappt es nur mäßig.

Ich entscheide mich, in die Kathedrale hineinzugehen, es ist nach der kleinen Dorfkirche in Charino nahe Tscheljabinsk das zweite Gotteshaus, das ich in Russland betrete. Drinnen erschlagen mich der goldene Glanz und die stickige Luft. Es ist sehr voll. Ich bin überwältigt von den vielen jungen, unglücklichen Gesichtern, die für mich wie die wahren Ikonen dieser Kirche wirken. Mit weit aufgerissenen Augen schauen sie nach vorne, mehr Frauen als Männer, mehr Dürre als Dicke, die meisten sind alleine gekommen. Sie blicken zur golden glänzenden Ikonostase, einer mit Ikonen geschmückten Wand mit mehreren Türen, die in orthodoxen Kirchen den Altarraum vom Hauptraum trennt, in dem die Gläubigen stehen. Nicht sitzen, sondern stehen.

Dann tritt aus einer der Türen der Priester, ein alter Mann, mehr Bart als Gesicht. Weihrauch schwenkend läuft er zwischen den Gläubigen hin und her, geht im Kreis, und weil alle sich fortwährend mit dem Gesicht zu ihm drehen, entstehen Bewegung und Unruhe, entsteht eine Dynamik, die das verhindert, was ich sonst mit Kirchen verbinde: Stille. Es ist eher eine mit dem Schmerz der Menschen gefüllte Spannung in der Luft, die nicht entweichen kann, weil der Priester weiterhin mit Weihrauch und Lobpreisungen des Herrn auf seinen Lippen durch das Kirchenschiff zieht, so lange, dass ich ihn mir in einer Trance vorstelle.

Mir kommt wieder eine These in den Sinn, die mal in einer betrunkenen Russen-Runde entstanden ist, deren Teil ich an einem schönen Moskauer Abend sein durfte. Sie besagt, dass sich in Russland gerade ein Kreis geschlossen habe. Früher bauten die Menschen Kirchen. Da war für die Russen einfach Gott ihr Gott, oder sein irdischer Verwalter, der Zar. Als dieser Zar nicht mehr war, wurde die Gemeinschaft zum Gottesteilchen erklärt, von der Kommunistischen Partei, dem eigentlichen Gott. Sie ließ Fabriken errichten, Orte für Menschenmassen. Als auch diese Partei ihre Macht verlor und allen klar wurde, dass die Gemeinschaft eine aufgezwungene war, erlangte in den 90er-Jahren die persönliche Freiheit Gottesstatus – und der Dollar wurde zum Gottesteilchen. Es dauerte einige Jahre, bis die Menschen feststellten, dass ihnen die Freiheit kein Glück brachte und nur eine Handvoll von ihnen Dollars machten, die diese nutzten, um alle anderen zu dominieren. Und was machen nun die so desillusionierten Menschen? Ja, sie bauen wieder Kirchen.

Es ist keine wissenschaftliche Zusammenfassung russischer Geschichte und hält einer kritischen Untersuchung sicher nicht unbeschadet stand, aber im Kern trifft es das schon. Ein Kreis hat sich in Russland geschlossen. Wenn ich mir die vielen gequälten Gesichter junger Menschen in der Kathedrale auf dem Blute anschaue, weiß ich nur nicht, ob er sich hätte schließen sollen.

Abends gehe ich ins alte Stadion von Jekaterinburg. Ural Jekaterinburg muss nun dort seine Heimspiele der Ersten russischen Liga austragen, bis die große Arena fertig ist. Heute geht es gegen Ufa. Es ist der erste Spieltag, Saisonauftakt. Es ist auch ein Spiel zweier Clubs, die nicht viel Geld und deshalb keine großen Ambitionen haben, in einem kleinen Stadion, einem Ort für Fußballromantiker, mehr Kampfbahn als Arena.

Ich bin viel zu früh da und muss deshalb lange vor den Gittertoren warten. Irgendwann tauchen zwei Männer auf, Fans von Ural. Fast zwei Stunden sitzen wir auf einer Bank nebeneinander und reden. Ein Glücksfall für mich, denn die beiden stellen sich als echt prosaische Persönlichkeiten heraus. Sie haben auch ein Fläschchen dabei.

Gleb ist achtundzwanzig, arbeitet bei einer Versicherung und bezeichnet sich selbst als »Hardcore-Fan« von Ural, so »heftig Hardcore«. Er trägt einen Fanschal über seinem Sakko. Sein Kumpel Andrej, genannt Andrjucha, hat eine Lederjacke an, ist einen Kopf größer als Gleb und macht »was mit Computern«. Er ist »mal so mitgekommen«. Um uns herum sitzen auch schon einige Anhänger, es ist ein windiger, etwas barsch daherkommender Sommertag.

Gleb: »Diese Saison können wir hochkommen. Die ersten fünf Plätze, das muss drin sein.«

Andrjucha: »Das sagst du jedes Jahr.«

Gleb: »Ja, aber dieses Jahr ist es wahr. Wir haben Pavljuchenko! Der wird uns nach vorne schießen, du wirst sehen.«

Dann nimmt jeder der beiden einen Schluck vom Wodka. Sie halten mir die Flasche hin. Ich trinke. Während der zweiten Runde muss ich daran denken, dass ich in Russland bisher kaum Wodka getrunken habe. Das Klischee über Russen kennt jeder. Aber in der Realität scheint mir der Wodka mittlerweile nur noch von Stadtrandalkoholikern konsumiert zu werden. Die arbeitende Bevölkerung hält sich fern. Außer vielleicht am Wochenende, bei einer Fahrt ins Grüne, zu einem Schaschlik... der Wodka scheint vom Alltag ins Wochenende gewandert, die Regel zur Ausnahme geworden zu sein. Andrjucha reißt mich aus meinen Wodka-Gedanken, indem er mir den Wodka hinhält. »Und was meinst du: Ist es fair, wie unsere Leichtathleten angegangen werden?«

Ich: »Wenn sie wirklich gedopt haben, sollten sie bestraft...«

Gleb unterbricht. »Aber was ist mit den Amis? Wenn ich diese aufgepumpten Schwarzen sehe, Frauen mit Oberarmen wie so Autoreifen, da kann mir doch keiner was erzählen, verfickte Hurenscheiße...«

Andrjucha: »Gleb, achte mal auf deine Worte. Was sollen denn die Deutschen von uns denken?«

Gleb: »Aber ist doch so, oder?«

Ich: »Der Unterschied ist für mich der: Im Westen versuchen einige Athleten auch zu dopen. Der Staat versucht sie zu überführen. In Russland organisiert der Staat selbst das Doping. Es wird immer Bankräuber geben, aber es braucht auch eine Polizei. Wenn die Polizei selbst Banken überfällt, haben alle ein Problem.«

Gleb: »Ach, und bei euch ist der Staat ja immer gut, oder was?«

Ich: »Es ist ja heute bekannt, dass es in der DDR Staatsdoping gab. Und im Westen auch. Nur heute glaube ich nicht, dass es in Deutschland ein staatlich organisiertes Dopingprogramm gibt.«

Andrjucha: »Gib mal den Wodka rüber.«

Ich reiche ihm die Flasche. Gleb zündet sich eine Zigarette an, legt seinen Schal auf die Bank, steht auf, läuft im Kreis. Und ich versuche noch mal klarzumachen, was mich in der ganzen Debatte um das Staatsdoping in Russland stört.

»Ich vermisse einfach, dass die Leute hier sauer auf die Sportler sind, von denen sie beschissen werden. Stattdessen sind im Doping-Skandal mal wieder scheinbar alle Russen sauer auf den Westen. Findet ihr das nicht selbst manchmal anstrengend, immer den gleichen Sündenbock zu haben?«

Gleb und Andrjucha gucken mich beide an, ihre Blicke sind wie Pfeile, die Distanz zwischen uns wächst mit jeder Sekunde. Irgendwie waren wir doch noch vor wenigen Minuten eine temporäre Gemeinschaft, Männer, die sich auf ein Fußballspiel freuen. Ich versuche es noch mal mit anderen Worten.

»Also, ich bin Fan von Borussia Dortmund …«

»Aubameyang und Reus!«, unterbricht mich Gleb.

»Lass ihn mal ausreden«, unterbricht ihn Andrjucha.

»Wenn jetzt rauskommt, dass die seit Jahren dopen, wäre ich fertig mit denen. Da könnten sie sonst was erzählen, dass alle anderen Vereine dopen oder dass die wahren Bösen die Bayern sind, weil sie sich mit ihrer Übermacht in alles einmischen, oder dass die Fifa so ist … das kann alles sein, aber darum geht es nicht. Ich will nicht, dass die mich bescheißen. Und den Russen scheint alles egal, wenn nur jemand schreit, dass angeblich der Westen auch böse ist, reicht das als Rechtfertigung für alles.«

Andrjucha: »Also, mir ist das nicht egal, ob die bei uns alle dopen.«

Ich: »Aber in der Öffentlichkeit kommen solche Meinungen kaum vor! Ich meine… Gleb, was würdest du sagen, wenn später rauskommt, dass Ural Jekaterinburg heute vor dem Spiel jedem Spieler eine Spritze reingehauen hat, damit die schneller laufen?«

Gleb: »Hängt davon ab, wie schnell sie dann laufen…«

Andrjucha: »Gleb, bleib mal sachlich hier.«

Gleb: »Keine Ahnung, was ich dann sagen würde. Aber wer weiß schon, was die Moskauer Clubs da bei sich in ihren Laboren machen. Wissen wir alle nicht. Außerdem glaube ich nicht, dass Ural so etwas macht. Im Fußball macht Doping keinen Sinn. Schießen die den Ball mit Epo im Blut besser ins Tor, oder was? Bei der Tour de France, klar, das ist was anders. Aber wir sind hier beim Fußball, verfickte Hurenscheiße!«

Wir lassen dann die Flasche noch mal kreisen. Sie zeigt recht ordentliche Wirkung bei mir, stelle ich fest, nach einem ganzen Tag Stadterkundung. Der Vorplatz des Stadions wird voller, orange-schwarze Trikots, Schals und Fahnen sind überall zu sehen. Die Wodkaflasche kreist nochmal, wir drei gucken uns alle an, versuchen es versöhnlich, Andrjucha verteilt Zigaretten.

Andrjucha: »Es macht keinen Sinn, sich über etwas aufzuregen, das eh keiner von uns beeinflussen kann.«

Gleb: »Ja. Lasst uns einfach das Spiel gucken.«

Wir gucken dann das Spiel, aber nicht zusammen, da wir unterschiedliche Plätze haben. Ural gewinnt 2:0. Die Stimmung auf den Rängen ist friedlich, es sind viele Familien da, viele Kinder. Hier haben es die lokalen Behörden und Clubverantwortlichen also schon geschafft, den Fußball den national gesinnten Schlägern zu entreißen und ihn der Mittelschicht zurückzugeben. Es gibt in Russland Städte, da ist der Kampf noch nicht vorbei.

Die Partie selbst ist etwas zäh, aber als Roman Pavljuchenko trifft, muss ich natürlich an Glebs Worte denken. Der Stürmer ist einer der Helden der russischen EM-Mannschaft von 2008, die damals begeisternd aufgetreten und bis ins Halbfinale gekommen ist. Jetzt hat er mit vierunddreißig seine besten Fußballerjahre schon hinter sich, aber als Hoffnungsträger für Ural Jekaterinburg kann er noch gelten.

Lange nach meiner Reise, als ich daran sitze, diese Zeilen zu verfassen, kommt der Dopingskandal um den russischen Sport auch beim Fußball und der Nationalelf an. Richard McLaren, Sonderermittler der Welt-Anti-Doping-Behörde, geht davon aus, dass es im russischen Fußball ein separates System gab, um auffällige Dopingproben zu vertuschen. Auffällig soll beispielsweise die WM 2014 gewesen sein. Wer sich daran erinnert, wie laufschwach die Sbornaja damals aufgetreten ist, wird sich unweigerlich fragen: Und so spielen die also gedopt? Wären sie sonst einfach alle regungslos zu Statuen erstarrt, oder was?

Ich spreche dann mit meinem Vater am Telefon über die Vorwürfe. Er erinnert an den Dopingskandal der Leichtathleten, der auch im Nachhinein aus westlicher Sicht einen klaren Beweis für die Verfehlungen im russischen Sport darstellt und aus meines Vaters und der in Russland weit verbreiteten

Sicht eine Hetzjagd russophober Westler darstellt. Ich muss an meine Unterhaltung mit Gleb und Andrjucha denken. Ich stehe wieder an der gleichen Stelle. Ich drehe mich im Kreis.

## 18. An den inneren Rändern Russlands

Ich bin im sibirischen Omsk, 2700 Kilometer östlich von Moskau, fast 1000 Kilometer östlich von Tscheljabinsk – und da ist er wieder: der Panzer. Also natürlich ist es *ein* Panzer, irgendein Panzer, aber ich habe so viele davon gesehen, in Museen, als Denkmäler, aus dem Zugfenster, auf Plakaten, dass es mir vorkommt, als wäre es dieser eine Panzer, ein alter T34, der mich überallhin begleitet. Der allrussische Panzer in meinem Kopf.

Diesmal steht er auf einer weiten Wiese, ein Junge mit Kastenbrille klettert darauf herum. Er hält sich am Geschützrohr fest, lässt seine Beine baumeln. Seine Brille fällt herunter – schon eilt seine Mutter herbei, setzt sie ihm wieder auf, tätschelt seinen Kopf. Ein anderer Junge schmiegt sich geradezu an das grüne Metall, als würde er den Panzer umarmen. So geht echte Liebe. Weiter im Feld stehen andere Fahrzeuge, Schützenpanzer und Truppentransporter, auf denen auch Kinder herumklettern. Wie ein Spielplatz wirkt es, auf dem alle Spielgeräte durch Kriegsgerät ersetzt worden sind. Ist ja praktisch, wir haben halt gerade welche zur Hand, muss da jemand gedacht haben.

Heute ist ein Tag, der für manche Russen der heiligste im ganzen Jahr ist. Vor allem für diejenigen, die ihr Vaterland lieben und mit ihm die Armee. Und die diese Liebe gerne demonstrieren, indem sie auf ihr Land einen heben, indem sie zu Ehren ihres Landes in öffentliche Brunnen urinieren, dann noch einen heben, immer wieder einen heben, die sich für ihr Land die Zähne ausschlagen lassen oder selbst welche ausschlagen, jedem, der will. Und jenen, die nicht wollen, vielleicht auch. Denn heute ist der *Djen WDW* – der Tag der Luftlandetruppen.

Männer rennen in der *telnjaschka* herum, dem blau-weiß quer gestreiften Matrosenhemd. Sie schwenken die blaugrüne Flagge der Luftlandetruppen, viele sind fröhlich, manche singen Lieder. Nur die ganze Sache mit den Brunnen, dem Suff und dem Krawall, die sehe ich entgegen der russischen Folklore überhaupt nicht. Den Stadtverwaltungen habe es gereicht, seit einigen Jahren werden an diesem Tag die Brunnen abgestellt, erklärt mir ein Passant. Wer sich trotzdem danebenbenimmt, wird halt verhaftet.

Die auf Panzern spielenden Kinder sehe ich am Rande einer Aufführung der Armeeakademie. In Omsk befindet sich ein großes Schulungszentrum der Luftlandetruppen – und so wird der Feiertag hier besonders intensiv begangen. Er beginnt allerdings traurig, denn zunächst läuft ein Priester mit wallender grüner Robe vor Rekruten mit kurz geschorenen Köpfen, die in ihren Händen Bilder anderer junger Männer tragen. Sie alle blicken matt zu Boden. Ein Jahr zuvor war unweit eine Kaserne eingestürzt, dreiundzwanzig Rekruten starben.

Das offizielle Fest besteht vor allem aus Vorführungen junger Soldaten, die von einigen Tausend Zuschauern auf einer Tribüne verfolgt werden. Die Soldaten schmeißen sich auf die grüne Wiese, stellen Nahkampf nach oder werfen sich gegenseitig in die Luft, um dann in geschickter Vorwärtsrolle zu landen und mit lautem Kampfschrei nach vorne zu preschen.

Außer den zivilen Zuschauern verfolgen chinesische Soldaten die Aufführung, die Ehrengäste in diesem Jahr. Nach dem offiziellen Teil sind die Chinesen vor allem ein beliebtes Fotomotiv für russische Familien. Vielen von ihnen ist das sichtbar unangenehm. Ein chinesischer Soldat, der für ein Foto ein russisches Baby in einem rosa Strampler halten muss, verzieht sein Gesicht dermaßen, dass ich kurz denke, das Baby würde alleine deshalb beginnen zu weinen. Tut es dann auch. Noch scheint die Partnerschaft zwischen Russland und China nicht ganz rundzulaufen.

Am Tag nach diesem Fest wird der russische Verteidigungsminister Sergej Schoigu die Gründung der »Junarmia« bekannt geben, einer militärisch-patriotischen Jugendbewegung. Diese Organisation wird dann in ganz Russland, an die Schulen angedockt, für Kinder und Jugendliche aufgebaut. Wanderungen zu bedeutenden Kriegsdenkmälern und Wehrsportübungen spielen eine zentrale Rolle. »Wir haben nur zwei verlässliche Freunde: die russische Armee und die russische Flotte.« Dieses Zitat ist vom ehemaligen russischen Herrscher Alexander III. überliefert. Es scheint alles wiederzukommen. Alles.

Ich laufe nach der Vorführung noch lange durch Omsk. Die Stadt hat etwa 1,1 Millionen Einwohner, sie gilt in Russland als graue Maus, an der die Haushaltsmittel zielsicher vorbeizufließen scheinen. Bis 2005 residierte der Öl-Multi Sibneft in der Stadt, von den hohen Steuereinnahmen profitierte die gesamte Region. Dann wurde der Geschäftssitz der Firma handstreichartig nach St. Petersburg verlegt. Die Steuereinnahmen fielen weg, Omsk verarmte. Auf manchen Webportalen ist nachzulesen, was auch viele in der Stadt selbst munkeln und sogar der ehemalige Gouverneur behauptet hat: Der Wegzug von Sibneft sei eine Bestrafung dafür, dass Wladimir Putin in Omsk im Jahr 2000 ein schwaches Wahlergebnis erzielt habe. Nachweisbar sind solche Behauptungen nicht.

Was aber mit dem bloßen Auge sichtbar ist, sind die vielen unfertigen neuen Plattenbauten unweit des Stadtzentrums. Firmen werden gegründet, Gelder eingesammelt, Baugruben gegraben und die ersten Stockwerke hochgezogen, noch mehr Geld von noch mehr Anlegern gesammelt – vertraut uns, wir bauen ja schon! –, und dann verschwinden windige Geschäftemacher mit dem Geld. So geht eine beliebte Betrugsmasche in Russland. Zurück bleibt das Grau. Betonskelette, um die jahrelang vor Gerichten gestritten wird.

So laufe ich neben einer achtspurigen Straße, es ist sehr heiß, links und rechts ziehen sich die Skelette, und als für einige Minuten keine Autos kommen, wirkt die Szenerie apokalyptisch.

Ich laufe dann an einem Park vorbei. An den Eingängen kontrolliert die Polizei. Aus reinem Interesse gehe ich in eine solche Kontrolle und frage die Beamten, ob das normal sei, hier durchsucht zu werden. »Am Tag der Luftlandetruppen schon«, erklärt mir ein Beamter freundlich. Sie würden nach mitgebrachtem Alkohol Ausschau halten. Der sei nämlich im Park verboten, aber an einem solchen Tag wisse ja niemand, ob sich auch alle an das Verbot halten würden. Da bin ich also mitten in einer sibirischen Stadt und werde an einem Feiertag nach illegalem Wodka durchsucht. Diese Stadtverwaltung meint es wirklich sehr ernst mit der Ordnung. Das hier ist nicht mein Russland. Ich gehe.

Am Rande des Parks sehe ich das »Denkmal der Arbeiter der Heimatfront«. Omsk befindet sich nun wirklich weit weg von allen Fronten des Zweiten Weltkriegs, aber das heißt nicht, dass die Stadt weniger Anrecht auf Weltkriegsdenkmäler hätte. Zu sehen sind die gleichen heroischen Posen und scharfkantigen Gesichter. Nur tragen die Bäuerin, der Fabrikarbeiter und die anderen Figuren keine Waffen in den Händen, sondern ihren unbedingten Siegeswillen vor sich her. Sie schießen nicht, aber sie obsiegen.

Ich lasse mich dann treiben, laufe ungefähr in Richtung des Stadtzentrums und in ein Wohngebiet hinein. Es sieht schon von der Hauptstraße heruntergekommen aus, vielleicht interessiert es mich deshalb. Das Viertel stammt nicht aus der Sowjetzeit, die Gebäude sind zwei- oder dreistöckig und wirken eher wie unsanierte Bauernhäuser, die von all dem kommunistischen Fortschritt weder vernichtet wurden, noch von ihm profitiert haben. Hier wurde halt nichts gemacht.

Je tiefer ich hineinlaufe, desto schiefer werden die Häuser, es sind auch welche darunter, die komplett in sich zusammengesunken sind. Aus einer dieser Bruchbuden kommt ein Hund geschlichen, er kläfft mich an, dreht sich um, läuft davon. Sein sonst buschiges Fell ist fleckig, an einer Seite fehlt ein großes Stück, als hätte ihm jemand mit der Hand etwas herausgerissen.

Was aber am meisten auffällt: Hier gibt es keine asphaltierten Straßen. Es sind nicht einmal ordentliche Schotterpisten. Eine Mischung aus Geröll und Schlaglöchern füllt den Platz zwischen den Häusern aus. Dementsprechend fahren hier auch keine Autos, es bräuchte auch schon ordentliche Geländewagen, um durchzukommen. Oder eben Panzer.

Ich laufe weiter, um eine Ecke, schon stehe ich an etwas, das eine Kreuzung sein könnte, aber keine ist. Jetzt ist nur noch Hundegebell zu hören, ich sehe keine Tiere, keine Menschen. Irgendwie beruhigt mich, dass hier wohl niemand wohnt. Während mir das durch den Kopf geht, kommt aus einem der Häuser ein Mann. Er muss um die siebzig sein. Er trägt eine Stoffhose und ein ausgeleiertes Unterhemd. Auf seinem Kopf ist eine Kappe – und darin steckt eine kleine blau-grüne Flagge mit gelbem Fallschirm und zwei gelben Flugzeugen. Die Flagge der Luftlandetruppen. Ich kann es nicht fassen. Jetzt würde ich gerne ein Foto machen, wenn es nicht so bescheuert wäre, Menschen zu behandeln, als wären sie die Tiere und ich der Zoobesucher.

»Was glotzt du denn so?«

Seine Frage reißt mich aus meinem Film. »Ich will nur...«, setze ich an und weiß nicht, was ich sagen soll. Ich will hier ja gar nichts.

»Weißt du nicht, was heute für ein Tag ist, oder was?«

»Doch. Der Tag der Luftlandetruppen.«

»Ja, also. Dann glotz doch nicht so bescheuert.« Er flucht dann noch ausgiebig, leise, aber zu ausgiebig, um das wiederzugeben. Ich weiß auch nicht, warum ich es seltsam finde, dass ein armer Alter diesen Tag begeht. Und sei es nur mit einer Fahne, die in seiner Kappe steckt, als wäre er ein russischer Großstadtindianer.

»Warum gibt es hier keine Straßen?«, frage ich ihn. Die Frage klingt auch für mich sofort blöd, aber ich muss sie stellen.

»Weil diese Huren in Moskau alles klauen und uns in unserer Scheiße sitzen lassen, deshalb«, sagt er unwirsch.

Ich muss an Kasan und an Jekaterinburg denken, an Zarenbauten mit eleganten Cafés im Erdgeschoss, an Promenaden, an denen recht selbstverständlich teurer italienischer Mokka verkauft wird. An das Russland der Gegenwart.

»In Kasan sieht es nicht so aus«, sage ich ihm.

»Ja, weil das Tataren sind. Wenn die nicht Kohle in den Arsch geschoben kriegen, machen die sich unabhängig. Aber wir hier in Omsk, wir sind Russen. Wohin sollen wir denn weglaufen?« In seinen Augen ist Wut, aber mir kommt es so vor, als sei er nicht auf die Regierung oder sonst wen sauer, sondern auf mich, weil ich hier auftauche und so blöde Fragen stelle. Instinktiv hole ich Zigaretten raus und reiche ihm die Schachtel.

»Die ganze, oder was?«

»Ja, kannst alle haben«, sage ich. Er guckt kurz recht neutral, steckt die Schachtel ein. Und setzt erneut seine Kampfmiene auf. Von irgendwoher kläfft wieder ein Hund, diesmal recht verzweifelt.

Später, als ich im Zug sitze, um Omsk zu verlassen und weiter ostwärts zu fahren, suche ich nach dem richtigen Begriff. Ich entscheide mich für: innerer Rand.

Die Stadt liegt weder in einer Teilrepublik mit vielen Angehörigen nichtrussischer Ethnien, weshalb sie nicht mit Geld befriedet werden muss. Sie ist auch kein Schaufenster irgendwohin. Sie befindet sich weit weg von den reichen Zentren im Westen des Landes. Wie der Alte es gesagt hat: Sie kann nirgendwohin. Alles, was schwierig ist an Russland, potenziert sich in ihr, bis Häuser und Menschen wanken. Das Einzige, was ihr bleibt, ist eine Militärakademie, also eine Armeeeinrichtung der Gegenwart. Dazu kommt die Glorifizierung der Siege der Vergangenheit.

Diese Erinnerung an vergangene Heldentaten, die Glorifizierung der Weltkriegszeit, sie hat früher sicher als Heilmittel gedient. Gegen das unendliche Leid, das der Zweite Weltkrieg und der deutsche Überfall dem Land gebracht hat, gegen die 20 Millionen Toten dieser Zeit, gegen all das Grauen. Aber wenn ich heute diesen Alten mit der Flagge der Luftlandetruppen sehe, scheint aus dem Heilmittel längst ein Gift geworden. Ganz Russland ist überzogen mit alten Panzerdenkmälern. Dazu kommen jetzt Plakate zum siebzigjährigen Jubiläum des Kriegsendes. Es gibt kein Entkommen vor der Erinnerung – und vor lauter Erinnerung weit weniger Gegenwart. *Spasibo dedu za pobedu!*, heißt ein geflügeltes Wort in Russland – *Danke Opa für den Sieg!* So manchem Opa wäre sicher mehr mit einer Wohnung gedient. Oder einem Haus, das nicht an einem Schlagloch liegt, sondern an einer Straße.

Für mich persönlich und in unserer Familie hat das Militär nie eine große Rolle gespielt. Das dachte ich jedenfalls lange. Erst später habe ich realisiert, dass mein Vater ja nicht nur Panzer entwickelt hat, sondern offiziell als Träger von Kriegsgeheimnissen eingestuft war. Das waren damals viele – aber wie sich das anfühlt und dass es vor allem zur Folge hat, das Land nicht verlassen zu dürfen, war mir früher nie so klar. Vielleicht konnte er deshalb gar nicht anders, als den so unerreichbaren Westen erst zu glorifizieren – und ihn später genauso zu verteufeln.

Es heißt manchmal, dass es zu Sowjetzeiten keine Familie gab, die nicht irgendwie unter dem Zweiten Weltkrieg gelitten hat, niemanden, der nicht Angehörige verloren hatte oder Freunde oder zumindest jemanden kannte, dessen Leben umgekrempelt worden war. Manchmal denke ich, dass das Gleiche für die Friedenszeiten in der Sowjetunion gilt. Vielleicht gab es niemanden, der nicht in irgendeiner Art und Weise mit dem Militär zu tun hatte, möglicherweise nicht selbst, aber durch seine Mitmenschen.

In der Kurzgeschichte meines Vaters, die als Nächstes folgt, geht es um ihn selbst – er ist der Geheimnisträger Nikolai Dmitriewitsch – und darum, ob irgendein Nachrichtendienst in Deutschland ihm nach seiner Übersiedlung all seine militärisch relevanten Geheimnisse entlocken wollte. Kleiner Spoiler: war nicht der Fall.

*Kriegsgeheimnis*
Von Sergej Afanasjew


Als Nikolai Dmitriewitsch, schon im mittleren Alter, zum ersten Mal nach Westeuropa kam, stellte sich heraus, dass er auf die Begegnung mit der dortigen Gesellschaft durchaus vorbereitet war. Ein gewisses Maß an latenter Slawophilie half dem frisch Übersiedelten, in der Fremde einigermaßen gefasst zu bleiben.
Wenn er seinen Verwandten begegnete, frisch bekehrten Deutschen, verhielten sie sich schon ganz wie Gastgeber, die dem Besucher ihre Schätze zeigten – und Nikolai Dmitriewitsch stimmte sofort zu: »Ja, alles ist herrlich hier. Es ist sogar wärmer als bei uns im Ural zu dieser Jahreszeit.«
Um Nikolai Dmitriewitschs Eingewöhnungsprozess zu beschleunigen, organisierten die Verwandten für den neuen Europäer einen mehrtägigen Ausflug durch Deutschland und angrenzende Staaten. Europa machte auf unseren Helden, ehrlich gesagt, einen ambivalenten Eindruck. Natürlich, Deutschland ist Deutschland. Ein mächtiger, reicher Staat, das ist ja allgemein bekannt. Ernsthaft kränkte den ehemaligen Sowjetbürger hingegen das Wohlergehen der Fürstentümer Monaco und Liechtenstein. Gerade diese

Spielzeugländer halfen unserem Helden, sein Leben in ganz neuem Licht zu betrachten.

Nikolai Dmitriewitsch schweigt und sieht mich eine Weile lang durchdringend an: »*Verstehen Sie?*«

»Nicht ganz«, gebe ich verlegen zu. »Monaco, die USA, Deutschland... für mich herrscht überall die gleiche Geistlosigkeit.«

»Aber ich meine es wirklich ernst! Es ist eine Sache, mit viel Mühe auf der Karte ein Land zu finden, dessen Name nicht in seinen Gebietsumriss hineinpasst – eine andere ist es, auf eigenen Füßen in Monaco von einer Grenze zur anderen zu spazieren. Selbst die gewöhnlichen Maße eines Hauses kommen einem dort spielzeughaft vor, geradezu wie Kulissen eines Puppentheaters. Eines langweiligen Puppentheaterstücks, wo jeder einen Reichen und Glücklichen spielt. Ich weiß, dass das im wahren Leben nicht so ist, hätte es aber beinahe geglaubt, denn dort scheint ein erstaunliches, für uns Sowjetmenschen undenkbares Gesellschaftsmodell zu herrschen: Es gibt weder eine Armee noch Industrie noch... es ist der reinste Karneval!«

»Habe ich Sie gelangweilt?«

»Nein. Aber die Monegassen haben mir geholfen zu begreifen, in welchem Ausmaß ich mich in meinem früheren Leben getäuscht habe. Außerdem ist mir der tragische Einfluss der russischen Weite auf das Schicksal unseres Heimatlandes bewusst geworden, und ich habe begriffen, dass die Aufführung eines Dramas solcher Ausmaße wie unsere Revolution in einem kleinen zurückgebliebenen Örtchen zumindest kompliziert wäre. Nicht umsonst haben die siegreichen Bolschewiken als Erstes das gesamte Heimatland

mit einem Stacheldraht umspannt und einen Kontrollstreifen umgepflügt. Stell dir vor, jeder Spaziergang eines Einwohners eines sowjetischen Monaco würde in beliebiger Richtung an einer Grenze enden, mit einer Überprüfung der eigenen Papiere und sozialistischer Ideale. Ich fürchte, die Monegassen würden durch die räumliche Abgeschlossenheit allesamt sofort den Verstand verlieren. Kurz, eine Revolution erfordert Weite. Selbst in der einstigen Volksrepublik Albanien waren es im Durchschnitt von einem Grenzstacheldraht zum anderen siebzig Kilometer: Für einen Pioniertrupp ein mehrtägiger Marsch mit Liedern am Lagerfeuer. Das ist schon was... Doch wahrscheinlich haben sich die Weltmächte des Bösen zusammengetan, damit sich die Revolution im größten Land der Erde ansiedelt. Denn wenn man ihn in einer bestimmten Dimension errichtet, bemerken die Vögel den Käfig nicht.«
Nikolai Dmitriewitsch erinnerte sich deutlich: Seine jugendlichen Träume von einer Weltreise wurden nie von Gedanken getrübt wie: »Das darf ich nicht, das ist verboten, die Grenzen sind geschlossen.« So etwas kam ihm in jungen Jahren nicht in den Sinn. Als Heranwachsender las er mit Begeisterung die raue Prosa Hemingways.
»Paris ist eine schöne Stadt. Warum könnt ihr kein echtes Leben leben in Paris?«
»Mir hängt Paris zum Hals heraus.«
Oder: »Und wollen Sie nicht in Britisch-Ostafrika auf die Jagd gehen?« – »Nein, da zieht es mich nicht hin.«
Nicht schlecht, oder? Unsere Intellektuellen haben Hemingway verehrt. Und man staunt immer aufs Neue darüber, wie wenig die Unerreichbarkeit dieses Lebens mit

seinen ganzen Pariser Flaniermeilen und seinen spanischen Corridas die sowjetische Nachkriegsgeneration störte und dass sie kein sichtbares Bedauern bei ihr hervorrief.
Es war ein anderes Leben auf einem fernen Planeten, von dem sich Nikolai Dmitriewitsch ein für alle Mal verabschiedet hatte.
So füllte er freiwillig und ohne jegliche Qualen die Formulare aus, mit denen die Regierung dem jungen Spezialisten Nikolai Dmitriewitsch ihre Kriegsgeheimnisse anvertraute, und er versprach zum Dank dafür, sich nicht einmal unter vorgehaltenem Gewehr einem Fremden zu nähern, und fragte nur: »Wie, nicht mal nach Bulgarien darf man?«
»Möglich wäre es«, sagte der Mitarbeiter der Ersten Abteilung, »theoretisch schon. Sie sind aber doch ein gebildeter Mensch, ein Ingenieur, und werden verstehen...«
Nach dieser Zauberformel blieb Nikolai Dmitriewitsch nur übrig, den Kopf hängen zu lassen, mit dem Spezialagenten Blicke Eingeweihter zu wechseln und dem Gedanken ans Ausland für immer abzuschwören. Allerdings machte ihm das nicht allzu viel aus. Nach Nikolai Dmitriewitschs Überzeugung bedauerten es auch seine zahlreichen Kollegen kaum, dass sie nicht ausreisen durften.
»Das kann nicht sein«, sagte ich. »Sie hatten nur Angst, darüber zu reden.«
»Nein! Ich hatte nüchternen und weniger nüchternen Austausch über die verschiedensten Themen mit meinen Kollegen in Rüstungsbetrieben im ganzen Land. Wir haben gestritten, uns offen zur Politik geäußert, das war in den 80er-Jahren an der Tagesordnung. Aber Gespräche darüber, dass wir, Herrgott, niemals, hören Sie, niemals im Leben

nach Paris gelangen würden – an solche Gespräche erinnere ich mich nicht.«

Dies einzig und allein mit den schieren Dimensionen des Sowjetreichs zu erklären, wäre zu einfach. Nein, das Phänomen der Selbstgenügsamkeit unseres Menschen, seine Bereitschaft, sich ohne Lohn bewusst in seinen Bewegungen auf ein Sechstel der Erdkugel zu beschränken, wartet noch auf seine Erforschung.

Vielleicht liegt die Lösung des Rätsels in der Faszination, dem Magnetismus, der den Begriff »Kriegsgeheimnis« umgibt. Wie großartig war es, in Kriegsgeheimnisse eingeweiht zu werden!

Die Laune des frisch aufgenommenen Nikolai Dmitriewitsch trübte sich erst, als er von der riesigen Anzahl der Mitglieder ihres Ordens erfuhr. Tatsächlich war die Heimat, um uns von den weltlichen Verlockungen des Auslandes abzuhalten, bestrebt, ihre Kriegsgeheimnisse mit möglichst vielen Sowjetbürgern zu teilen. Warum auch nicht? Natürlich waren viele Geheimnisse erforderlich, doch der Mechanismus ihrer Anfertigung vollzog sich reibungslos. Geheim halten konnte man alles: Vom Stenogramm einer Sitzung des landwirtschaftlichen Kreiskomitees der Komsomolzen bis hin zur Konstruktion von Bleistiftspitzern.

Der Perestroika begegnete Nikolai Dmitriewitsch in der Blüte seiner schöpferischen Kräfte, als Autor einer Vielzahl von Studien, Erfindungen und Artikeln, die natürlich geheim waren. Am leichtesten ertrug unser Held den Zusammenbruch der Ideale des Sozialismus, ein bisschen schwerer den Wegfall eines regelmäßigen Gehalts. Die

Entwertung der sowjetischen Staatsgeheimnisse versetzte Nikolai Dmitriewitsch in tiefe Verzagtheit.

Lassen wir die moralischen Aspekte dieser Umwertung beiseite – unser Held hatte das Illusorische der ihm anvertrauten Geheimnisse niemals bezweifelt. Schlimm war etwas anderes: Es stellte sich heraus, dass man Nikolai Dmitriewitsch jetzt erlaubte, sich auf dem gesamten Erdball herumzutreiben, in alle vier Himmelsrichtungen. Damit verschwand der letzte Grund, mit dem unser Held seine Familie von der Übersiedelung nach Deutschland abhielt, in ihre historische Heimat, wohin schon der gesamte befreundete Familienclan von Nikolai Dmitriewitschs Frau gezogen war und wohin es sie selbst so sehr zog, dass sie alle erdenklichen Arten von Einfluss auf ihren russischen Ehemann ausübte. Aber er wollte einfach nicht weg. Wieso auch?

Dann erfuhr Nikolai Dmitriewitsch außerdem noch zur Unzeit etwas anderes, das ihn davon abhielt, sich auf den Auswanderungsprozess festzulegen. Einer unserer ehemaligen Landsleute schrieb, dass die Mehrheit der Menschen zwar an einem Leben nach dem Tod zweifelt, aber im tiefsten Herzen hofft, dass es dennoch existiert und wenn schon nicht ewige Seligkeit, so doch ewige Ruhe verspricht; um das selbst herauszufinden, muss man allerdings tatsächlich sterben – woraus folgt, dass die Emigration – die Übersiedelung irgendwohin in der Hoffnung auf ein besseres Leben – der Generalprobe des eigenen Todes ähnelt.

Auf die Frau von Nikolai Dmitriewitsch machten diese aphoristischen Zeilen einen unerwarteten Eindruck. »Genial«, sagte sie. »Und jetzt hör aufmerksam zu: Möge

ich, ohne jegliche Generalprobe, an diesem Ort sterben, aber unsere Kinder bringe ich von hier weg! Damit du es weißt!«
Und weg war sie.
Unser Held, der noch einige Monate allein verweilte, gab nach; schließlich wollte er seinen Kindern ein guter Vater sein.
In Deutschland wartete Nikolai Dmitriewitsch in der ersten Zeit mit Bangen auf die Begegnung mit den Mitarbeitern der Ersten Abteilung und hatte vor, ihnen mit Würde zu erklären, dass er für kein Geld der ihm nun offen stehenden Welt die Kriegsgeheimnisse seiner Heimat preisgeben werde. Leider erfuhren die hiesigen, durchaus kompetenten, aber keineswegs neugierigen Organe nichts von der Anständigkeit unseres Helden. Es ist nie zu dieser Begegnung gekommen. Das ist kränkend: So als würde man mit einem ehrlich erworbenen Ticket mit dem Zug fahren, ohne dass der Kontrolleur kommt, sodass man nach der Fahrt den Pappstreifen wegwirft und sich über das umsonst ausgegebene Geld grämt.
Aber wozu über solche Kleinigkeiten wie Kriegsgeheimnisse reden, wo sich doch Nikolai Dmitriewitschs Probleme hier als viel globaler erwiesen: Er bekam das Leben in der Fremde einfach nicht hin.
»Weißt du«, sagte er einmal, »das Schlimme ist nicht, dass ich ganz und gar unserer Vergangenheit verhaftet blieb, das war zu erwarten. Stärker belastete mich die Banalität meiner Geschichte. Ein Russe scheitert in der Emigration – wie klischeehaft! Ich verstehe das und schweige, schweige und funktioniere im Rahmen meiner hiesigen Arbeiter-und-

Bauern-Möglichkeiten. Mit einem Wort, ich drehe mich im Kreis. Und bleibe in einem solchen Unsinn stecken, dass es zu peinlich ist, um es zuzugeben. Es wäre nicht so schwierig gewesen, meinem möglichen künftigen Chef zu antworten, selbst in meinem albtraumhaften Deutsch, dass ich in seiner Firma die Scheiße aufwischen möchte, weil es schon immer mein Traum gewesen ist, in seiner Firma die Scheiße aufzuwischen. Meine Frau hat ihr unterwürfiges Lächeln hier vor dem Spiegel geübt und für Telefongespräche eine spezielle Stimme mit so einem fröhlichen Hauchen entwickelt. Mit einem Wort, ich habe jemanden, von dem ich lernen kann, ohne dass es mich etwas kostet. Es geht hier wirklich nicht um Stolz, und ebenso wenig verzehre ich mich nach der Vergangenheit. Aber manchmal denke ich, dass meine Frau aus einem sehr kleinen Land hierher übergesiedelt ist: Familie, Haus, Sippschaft, Freunde – aus einem selbst geschaffenen weiblichen Fürstentum Monaco. Ich hingegen bin aus den Fängen meines Charakters und Gott weiß welcher Nationalität, aus einem idiotischen, aber riesigen und mächtigen Land hierher gekommen. Daher gelingen mir das Lächeln, die Knickse und Verbeugungen, die man mir vorher nicht beigebracht hat, auch so viel schlechter als meiner Frau. Genau genommen gelingen sie mir gar nicht. Doch die Situation ist nicht hoffnungslos. Ich arbeite an mir. Der Papa meiner Frau, ein aufopferungsvoller Arbeitsmensch, vierzig Jahre ununterbrochen an der Rundfeile, sprach mir kürzlich ein Lob aus: Er war begeistert von meiner Rückkehr zur Maloche und tönte etwas über Erfahrungen fürs Leben, die ich bei guter Führung von der deutschen Arbeiterklasse bekommen könne. Bloß dass ich dem

Bund der Gastarbeiter angehöre und kein russischer Ingenieur mehr sei. Das ist alles verkraftbar. Was mich wirklich stört, ist aber: Warum hat man mich hier kein einziges Mal nach den mir anvertrauten Kriegsgeheimnissen gefragt? Nach Informationen? Geheimen Plänen?«

Ich zucke mit den Schultern, Nikolai Dmitriewitsch zieht an seiner Zigarette und fährt fort: »Weißt du, die bolschewistischen Schurken, die uns eingesperrt haben, hatten doch recht: Für den Sowjetmenschen ist der Westen kontraindiziert. Wir können nicht auf normale Weise Geld verdienen. Wir müssen auch noch ehrlich stolz darauf sein. Vor Kurzem hast du ja mal gesagt: Unsere sowjetische Vergangenheit sei ein Panoptikum sich ändernder Werte, billiger Geheimnisse und teurer Illusionen, daher solle man nicht daran festhalten, sonst werde man ertrinken. Das ist sehr bildhaft, aber dennoch nahe an der Wahrheit. Du hast recht, ich muss all diesen sowjetischen intellektuellen Ballast meines vergangenen Lebens über Bord werfen, ich muss hier heimisch werden. Umso mehr, als keiner dieser angeblich so kompetenten Sicherheitsorgane mich auch nur einmal kontaktiert hat...«

»Entschuldige, Nikolai Dmitriewitsch, ich muss los.«

»Ja, natürlich, mach's gut. Aber warte noch. Falls du jemanden kennst, beim BND oder so. Oder der CIA. Wenn die mal mit mir reden wollen...«

## 19. New Age in Sibirien

Am Ufer des mächtigen sibirischen Flusses Ob, eine halbe Ewigkeit östlich von Moskau und einhundert Kilometer von der Millionenstadt Nowosibirsk entfernt, liegt ein auf den ersten Blick gewöhnliches Dorf. Bei längerer Betrachtung aber fallen besonders liebevoll gestaltete Holzhäuser auf. Sie stehen alle auf großzügigen Grundstücken von jeweils genau einem Hektar, sind nicht abgezäunt und von penibel angeordneten Nutzpflanzen umgeben sowie von Kräutern, Sonnenblumen und Zedern, immer wieder Zedern.

Die Siedlung Blagodatnoje, was sinngemäß übersetzt etwa *das Gnädige* oder *das reichlich Gebende* heißt, gehört zur ökospirituellen Bewegung Anastasia, die auf einer neunbändigen Buchreihe des Autors Wladimir Megre basiert.

1994 soll Megre der blonden Schönheit Anastasia an den Ufern des Ob begegnet sein. Diese Begegnung inspirierte den Autor dazu, die Bewegung zu initiieren. Sie wächst laut zahlreichen russischen Medienberichten konstant, 337 Siedlungen gibt es mittlerweile, die genaue Zahl der Anastasier ist aber unklar, da es keine zentrale Verwaltung gibt. Dafür existiert mittlerweile sogar eine aus der Bewegung hervorgegangene politische Partei. Traditionelle slawische Familienwerte, ökologisches Bewusstsein und New-Age-Botschaften finden bei den Anastasiern zueinander.

Dieser Mix ist auch der Grund, warum ich nach meiner Abreise aus Omsk hierhergefahren bin, erst mit dem Zug, dann mit einem Kleinbus und schließlich per Anhalter.

Dabei sind es häufig gut gebildete Großverdiener, die ihr städtisches Leben aufgeben und aufs Land ziehen. So wie die erste Person, die ich in Blagodatnoje treffe. Anja ist dreiunddreißig, wohnt mit ihrem Ehemann und ihren zwei Kindern seit vier Jahren in einem Holzhaus im Dorf. Sie trägt ein Sommerkleid, kein Make-up, sie strahlt eine große Ruhe aus. In ihrem früheren Leben in Nowosibirsk war sie Anwältin, ihr Mann Ökonom. »Manche meiner Freunde sind nach Europa, aber wir haben andere Ziele«, sagt sie. Anjas Kinder springen halb nackt auf einem Trampolin im Garten, der Rasen duftet nach frisch gemähtem Gras, Wind zieht über nahe Hügel; es ist still.

»Meine Oma hat Megre gelesen«, erzählt Anja. »Diese Bücher waren der Ausgangspunkt.« Anja spricht ruhig und überzeugt, es ist in dieser harmonischen Umgebung leicht zu verstehen, was sie mit »wir finden hier zu uns selbst zurück« meint. Anjas Ehemann Denis leitet eine Autowerkstatt im nächsten größeren Ort, sie erzieht und unterrichtet die Kinder, die aber staatliche Schulprüfungen ablegen. Ab und an kommen sie angerannt, wollen etwas von Mama und erklären auf Nachfrage: »Am besten hier sind der Fußballplatz und der Fluss. Es ist alles besser als in der Stadt!«

Neben dem Hauseingang steht eine große Tüte Zucchini. Wie viele hier ist Anja Vegetarierin, fast alle Lebensmittel werden selbst angebaut, alle ökologisch. Die Zedern in Anjas Garten sind noch jung, haben keine Zapfen. Zedern werden bei Megre und den Anastasianern besonders verehrt, von ihnen geht »eine besondere Energie aus«, erklärt Anja. Diese besondere Energie soll von den Bewohnern auch dazu genutzt werden, um viele Kinder zu zeugen, denn die Siedlung propagiert auf ihrer Homepage einen »Kult um die Natur und das Gebären«.

Plötzlich tauchen gleich vier Kinder vor dem Haus auf. Das mit dem Kult ums Gebären muss ganz vorzüglich klappen. Die Kinder vermehren sich hier wohl von selbst und in Windeseile. Anja lacht und winkt ab. »Die beiden anderen Jungs sind von den Nachbarn.«

Keineswegs wolle sie komplett aus der Gesellschaft raus, erklärt Anja. »Wir sind Patrioten.« Zuletzt hätten einige Siedler nach einer Wanderung durch das nahe Altaigebirge die russische Nationalhymne gesungen. Ich muss sagen, dass mich das schon etwas umhaut. Es ist in Deutschland halt schwer vorstellbar, dass eine vegan lebende Öko-Gemeinschaft nach einer Wanderung in den Harz die Nationalhymne singt.

Anja aber will nicht über Politik reden. »Am Ende sind wir alle nur Tropfen im Ozean«, sagt sie.

Etwa vierzig Familien leben in Blagodatnoje, und sie sind »Herrscher über das eigene Leben«, wie es Siedlerin Olga ausdrückt, die ich später am Tag treffe. Sie hat fünfzehn Jahre in Deutschland gelebt, auch in Ökodörfern, »es hat mich aber nach Hause gezogen.« Ihre Wurzeln betonen hier viele. Die Menschen suchen das ursprüngliche Russland. Was mit jenen passiert, die sich nicht an die Gepflogenheiten halten, ist nicht ganz klar. Ohnehin pflegen einzelne Siedlungen eigene Bräuche. Megres Anastasia-Bücher scheinen eher eine interpretierbare Anleitung denn feste ideologische Ketten zu sein. Allerdings gab es vor allem in den Nullerjahren auch immer wieder Konflikte, etwa wegen illegaler Landnahme, oder weil besonders radikale Siedler ihre Kinder nicht zu Schulprüfungen lassen wollten. Heute gibt es in Russland Regionen, die den Anastasianer kostenfrei Land zur Verfügung stellen.

Megres blonde Schönheit Anastasia prangt auch von Wandkalendern bei Olgas Nachbarin Clavdija Iwanona. Unter ihrem Bild steht dort geschrieben: »Ich existiere nur für die, für die ich existiere.«

Die sechzigjährige Clavdija beschäftigt sich vor allem mit traditionellen slawischen Riten und Kleidern, gibt auch Kurse und näht mit symbolischen Stickereien verzierte Röcke und Hemden. »Sieben Hemden muss ein Mann haben!«, sagt sie gleich zur Begrüßung schwungvoll, »für die Arbeit, für nach der Banja, für den Krieg, die Heirat…« Die Frau dagegen dürfe als Wesen, das von der Erde Energie empfange, nur Röcke tragen. Die Rollenverteilung zwischen Frau und Mann hat es Clavdija angetan, in der Abkehr von der natürlichen Ordnung sieht sie viele Probleme begründet. »Der Mann ist Jäger, Ernährer und Erschaffer, die Frau Hüterin des Heims, Mutter und Muse.«

Clavdija zeigt dann einen Korb mit bunt bemalten Eiern, der »ein Brief an Gott« sei. Dann schwingt sie mit einer Hand eine Leine und fordert, ihr ein Tuch in der anderen Hand zu entreißen, ohne die Leine zu berühren. »Das ist ein ursprüngliches Spiel!« Es wirkt so manches seltsam auf den

Städter, aber die Gastfreundlichkeit überwältigt. Das Tuch bleibt jedenfalls bei Clavdija.

Es ist kein Zufall, tagsüber vor allem Frauen in Blagodatnoje anzutreffen, denn viele Männer arbeiten im nächsten Ort. Clavdija geht dann rüber zu Anja, die gerade Besuch von ihrer Mutter Lida hat. Auch Lida hat einen Hektar Land in der Siedlung, schafft die Übersiedlung aber noch nicht. »Da, die trägt Hosen!«, sagt Clavdija über Lida. »Das ist energetischer Unfug!« Lida entgegnet: »Niemals werde ich deine Röcke tragen!« Dann verabschiedet sich Clavdija.

»Ich will auch hierher, aber wer soll dann meinen Laden schmeißen?«, fragt Lida. In Nowosibirsk leitet sie einen Textilbetrieb mit fünfundzwanzig Mitarbeitern, selbst aufgebaut und deshalb nicht leicht aufzugeben. Gegenüber ihrer beseelt ruhigen Tochter Anja wirkt Mutter Lida hemdsärmelig und aufgekratzt. »Meine Tochter erzieht mich immer«, sagt sie. »Es ist, als ob ihr Geist von woanders stammt. Ihren Körper habe ich zur Welt gebracht, aber...«

Lida schimpft dann über einen Geschäftspartner, wird etwas lauter. Anja stoppt sie, legt eine Hand auf ihre Schulter, sagt halb so laut: »Ja, wie man merkt, wohnt unsere Mutter noch in der Stadt.«

## 20. Im Angesicht der Unendlichkeit

Es ist unmöglich, sich die Ausmaße Russlands zu vergegenwärtigen. Selbst der tagelange Blick aus dem Zugfenster ändert nichts daran. Alle Eindrücke und Zahlen über das größte Land der Erde bleiben am Ende abstrakt. Der Kopf weigert sich, seine internen Parameter auf unendlich umzustellen.

Ich bin nach langer Reise am Baikalsee angekommen. Das ist der tiefste See der Erde, er enthält etwa zwanzig Prozent der weltweiten Süßwasservorräte. Mein Kopf versucht alles herunterzurechnen, um sie irgendwie in seine arg begrenzten Kapazitätsgrenzen hineinzuzwängen. Er sucht mithilfe meiner Augen nach Zahlen, die beherrschbar wirken. Da, die Nord-Süd-Ausdehnung: 636 Kilometer! Das ist doch in etwa so viel wie von Berlin nach Wien, das lässt sich verstehen, in ICE-Stunden messen, sogar mit dem Fahrrad durchfahren... aber natürlich gibt es weder eine Schnellbahn noch einen Radweg rund um den Baikal. Es gibt überhaupt keinen Weg rundherum, der Norden ist vom Süden faktisch abgeschnitten. Hindernisgrund: Wald.

Ein russischer Extremwanderer hat zuletzt versucht, den See zu umkreisen, der Versuch endete im Krankenhaus, wahrscheinlich ein Zeckenbiss beziehungsweise mehrere Zeckenbisse, so erzählen es mir Dorfbewohner. Es wäre schon sehr mies, wenn der gigantische Baikal etwas so Kleines wie Zecken eingesetzt hätte, um den Wanderer aufzuhalten. Oder der Baikal hat einen sehr fragwürdigen Sinn für Humor.

Ich muss dabei deutlich sagen: Der Baikalsee ist weit davon entfernt, das wirklich abgelegene Russland zu sein. Um sein Südende herum führt die Hauptstrecke der Transsibirischen Eisenbahn, westlich von ihm liegt die Großstadt Irkutsk, östlich die Hauptstadt der russischen Teilrepublik Burjatien, Ulan-Ude. Das hier ist die Unendlichkeit am Rande der Zivilisation, nicht die Unendlichkeit fernab von allem. Vielleicht wirkt sie auf mich deshalb schon so stark, weil sie hier noch gar nicht so unendlich sein dürfte.

Und so gibt es hier, mitten in Russland, einen fünfundzwanzig Kilometer langen Sandstrand. Rechts von mir reicht der Strand bis an die knapp zwei Kilometer hohen Felsen der Halbinsel Svatoj Nos. Wenn ich nach links gucke, verschwindet die Küstenlinie irgendwann im Dunst. Ich frage den Fremdenführer Dima, mit dem ich hergekommen bin, wie der Fünfundzwanzig-Kilometer-Strand endet. »Da kommt ein Fluss.« Ich will wissen, was hinter dem Fluss kommt. »Mehr Sandstrand.«

Dima ist achtundzwanzig, hat Stoppelhaare, redet kaum hörbar und gebraucht wenige Worte. Er fährt Besucher seit acht Jahren nach Svjatoj Nos. Das heißt übersetzt *Heilige Nase*. Die Halbinsel wurde zuerst von Mönchen besiedelt, die dort »wirklich allein sein wollten«, wie Dima vermutet. Die Bewohner der etwa einhundert Häuser leben noch heute ohne Strom. Das Gebiet liegt in einem Nationalpark.

Dima hat mich und acht andere Besucher mit einem Kleintransporter hierhergefahren. Er hat unterwegs auch etwas über die Gegend erzählt, und als wir dann auf ein Boot steigen, um dorthin zu fahren, wo keine Schotterpiste mehr hinführt, bereitet er in der Kombüse in einer halben Stunde eine Fischsuppe zu, die einfach die beste von hier bis hinter den Horizont ist. Dazu gibt es geräucherten Omul, einen Verwandten des Lachs.

Als ich sehe, dass aus der Kombüse eine zweite Tür führt, befürchte ich kurz, dass Dima mit einer Hand noch das Boot lenkt, während er mit der zweiten die Suppe umrührt. Aber nein, ein Kapitän ist zur Stelle und hat sogar eine Kapitänsmütze auf.

Wir kommen zu heißen Thermalquellen – und plötzlich steht eine Frau in Polizeiuniform auf dem Boot und erklärt Benimmregeln. Kein Müll, keine Randale »und bitte den Sand von den Füßen abstreifen, bevor ihr ins Wasser geht!«

Ich mülle daraufhin kaum, benehme mich ordnungsgemäß und streife ab, was das Zeug hält. Dann stelle ich fest, dass neben unserem Boot ein Souvenirschiff hält, eine Schiffsgattung, die sicherlich nicht überall zur Standardausstattung der Marine gehört. Ich betrete das Schiff über die wackelige Stelling und stehe plötzlich vor der Polizistin. Sie verkauft auch die Andenken. Anhänger aus Lehm, Fotobücher vom Baikal. »Deutschland, ah!« Eine andere Frau kommt hinzu, Bier, Oktoberfest, Alpen... Deutschland im Ausland ist ja so oft einfach nur: Bayern.

Der Busfahrer-Fremdenführer-Koch Dima und die Souvenirhändlerin-Polizistin: Russische Weite ist, wenn jeder Mensch mehrere Rollen ausfüllt.

Auf dem Rückweg bleiben wir an einem Burhan stehen. Das sind heilige Orte, die einem Reisenden entweder Glück bringen oder ihn aufhalten. Der Burhan besteht aus Stelen oder Bäumen, wo Besucher Münzen hinschmeißen, so ist es Brauch. Das machen Russen wie Burjaten. Manche schmeißen aber auch Zigaretten oder Bonbons... die Burhans entstammen einer Mischung aus schamanischen und buddhistischen Einflüssen. Unweit der burjatischen Hauptstadt Ulan-Ude gibt es den Ivolginski Datzan, ein buddhistisches Kloster und Zentrum des russischen Buddhismus. Zusammen mit der Orthodoxie ergibt das eine sehr eigenwillige mystisch-religiöse Mischung in Burjatien.

Russische Weite ist also auch, wenn Menschen ein schamanisch-buddhistisch-orthodoxes Religionsgebräu leben, für das es noch nicht einmal einen Namen gibt, zumindest keinen mir bekannten. Es ist aber alles bestimmt von diesen schier unbegreiflichen Ausmaßen, von der Weite. Wenn ich einen Namen für die hiesige Religion erfinden müsste, würde ich sie *Weitetum* nennen.

Dann fahren wir zurück von der Halbinsel in die Siedlung, wo unsere Tour begonnen hat. Stellenweise hört die Straße auf und ist ein einziges Schlagloch. Plötzlich lenkt Dima den Bulli wieder über eine deutsche Bundesstraße. Vor zehn Jahren gab es überhaupt keine Straße hierher, in Siedlungen, die hinter Bergen liegen, die keine Namen tragen.

Wir gabeln einen Anhalter auf, weil man das hier so macht, weil niemand in der Unendlichkeit des Waldes zurückgelassen wird.

Später im Ort, er heißt Goryachinsk – *der Heiße* – treffe ich den Anhalter wieder, diesmal hat er ein eigenes Auto, das er zwischenzeitlich zurückgelassen hatte, weil es die Buckelpisten nicht gepackt hätte. Er nimmt mich mit, wir fahren in die nächste Stadt, nach Ulan-Ude.

Wassilij ist gerade volljährig geworden, sein rostiger Moskwitsch ist ebenso alt. Wassilij will demnächst Medizin studieren, hört Death Metal und hat einen finsteren Wald auf seinem linken Unterarm tätowiert.

Wir fahren an zahlreichen Schildern vorbei, die für einen sauberen Baikal werben. Von einem der Schilder schaut ein Kind traurig drein, es hat irgendein Plastikzeug in der Hand, dahinter ist verdreckter Wald, dazu der Spruch: *Ihre Kinder schauen auf Sie!*

Wir fahren und fahren und wollen einfach nur ordnungsgemäß Müll wegschmeißen. Geht aber nicht, weil kein Mülleimer da ist. Bei näherer Betrachtung fallen auch Bierdosen im Gestrüpp auf und Plastiktüten am Straßenrand. Aber insgesamt ist der Wald einfach zu groß... russische Weite ist auch, wenn die Natur im Angesicht der Unendlichkeit kleine Schweinereien zu verzeihen scheint.

Wassilij will gerne nach Europa, aber schon Moskau ist so weit weg, dass er »nur mal ganz früher« dort war. Russische Weite ist, wenn die mongolische Hauptstadt Ulaanbaatar erreichbar ist, aber die eigene nicht.

Wassilij ist gerade mit der Schule fertig, er arbeitet in einem Leichenschauhaus, als ungelernte Kraft, bis er sein Medizinstudium beginnt. Sein staatlicher Lohn: neunzig Euro. Pro Monat. Für eine Vollzeitstelle. Da einige Dienstleistungen extra kosten, kommt er auf etwa zweihundertzwanzig Euro im Monat. »Wenn es keine Verwandten gibt, die jemanden abholen, wird es manchmal... schwierig«, sagt

Wassilij. »Wir haben einen Typen, der liegt da seit drei Jahren, schlecht gekühlt, der verwest so vor sich hin.«

Das erzählt Wassilij also, zeigt auch Fotos, mir wird etwas übel im Angesicht aufgeschlagener Köpfe, von denen Hautfetzen hängen, und aus dem Autofenster sehe ich grüne Hügel hinter spiegelglattem Wasser: ein Paradies. Russische Weite ist auch, wenn die Kontraste so stark sind, dass es dir den Atem verschlägt.

## 21. Ein Spion auf Abwegen: Im Zug, zum Dritten

Ich hatte die Hoffnung ja schon fast aufgegeben gehabt, mich auf unendlich langer Zugfahrt durch Russland mit völlig Unbekannten zu betrinken. Es gehört dazu, ja, irgendwie. Aber Traditionen sterben aus, überall. Ich weiß, ich weiß, was manche jetzt denken: die alte Leier vom besoffenen Russen. Es stimmt ja auch: Klischees sagen mehr über den aus, der an sie glaubt, als über die Objekte seiner ethnologischen Projektionen. Ich weiß aber auch, dass es Tage für so neunmalkluge Sätze gibt wie den gerade – und es gibt die Tage für lustig.

Der Zug fährt, nördlich der Mongolei oder östlich von China, es spielt doch keine Rolle. Die Fernfahrt hat alle gepackt, dieses aufgekratzte Nichtstun, das manche dauerschlafen lässt und andere nur aus dem Fenster in die Felder starren. Ich sitze in einem Coupé mit drei anderen Menschen.

Fjodor, um die fünfzig, der fünf Kinder von drei verschiedenen Frauen hat. Fjodor sieht aus wie Hermann Hesse, er trägt seine Intellektuellenbrille auf einer gebräunten, ausgemergelten Nase.

Wasja, um die vierzig, der in den vergangenen zwei Wochen seine »Zweijahresration« getrunken hat, wie er erzählt. Ich glaube, er wollte mit dieser Information untermalen, was für ein strebsamer Typ er ist. Er fährt von seiner geliebten Geliebten im Altaigebirge zurück zu seiner ungeliebten Ehefrau.

Und die ebenfalls etwa vierzigjährige Vera, die keine vergleichbaren Eskapaden zu vermelden hat.

Die drei kennen sich auch erst, seit wir alle zufällig im selben Abteil gelandet sind.

Verdächtig ist, dass alle mit der russischen Eisenbahn zu tun haben, der RZD. Fjodor und Wasja haben für die Eeer-ZheeDeee gearbeitet, Vera nicht, aber ihr Ehemann. Daran ist eigentlich gar nichts verdächtig, ich verwende diesen Ausdruck nur extra, weil die drei mich die ganze Zeit als »verdächtig« bezeichnen. Oder als »Agent«. Großer Spaß.

Hallo Herr Agent. Deutscher Agent. Ausländischer Agent. Ich bin vor lauter Agent irgendwann eingeschlafen, und als ich aufwachte, ruft Fjodor: »Komm, Herr Agent, wir fragen dich aus.« Wie zum allergrößten Spaß habe ich halb verschlafen gesagt: »So geht das nicht, Agenten werden erst abgefüllt, dann verraten sie alles.«

Das wird aber nicht als Scherz verstanden.

Wasja holt an einem der langen Halte Bier, vier Zwei-Liter-Kanister. Es werden keine Gefangenen gemacht in dieser Agentengeschichte.

Wir trinken das Bier, offensichtlich nur ein Vorspiel. Wasja hat Zedernschnaps dabei. Selbst gebrannt. Ich muss an meinen Tag in Blagodatnoje denken, diesem urrussischen New-Age-Aussteigerdorf. Dort waren Zedern ja geradezu heilig. Das mit dem Zedernschnaps kommt mir jetzt wie ein Zeichen vor. Also: nicht zedern, sondern handeln.

Wir trinken. Dazu gibt es Wurst, übrig gelassen von Veras Vorgängerin. Reisende steigen ein in Fernzüge, sie steigen auch aus, und von manchen bleibt nur Wurst.

Wasjas Telefon macht immer einen Ton, wenn wir kurz Empfang haben, er läuft dann in den Gang, wo dieses Telefon in die Steckdose eingestöpselt ist, und versucht der geliebten Geliebten zu texten, kommt dann zurück ins Abteil. Wieder kein Empfang. Funkstille.

»Jetzt verstehe ich dich überhaupt nicht mehr«, sagt Wasja irgendwann zu mir. »Du meinst, die Amerikaner könnten auch kämpfen... Aber die sind doch alle verweichlicht! Wir russischen Männer, wir würden uns zerreißen für Russland, und deshalb werden wir immer siegen! Ich verstehe dich überhaupt nicht mehr!« Wasja ist etwas erregt.

Ich habe gar nicht die Schlagkraft der US-Armee betonen wollen, das ist eigentlich das Letzte, was ich möchte: durch die Welt fahren und irgendeiner Armee huldigen. Ich habe nur widersprochen, als Fjodor und Wasja sich viel zu einig gewesen sind, dass die Russen die ganze Welt zusammen so was von in den Arsch treten würden... aber so was von... wartet nur ab! Vera hat nur still genickt, aber die trinkt ja auch nicht mit.

Wir halten an einem kleinen Bahnhof. Keine Ahnung, wo wir sind. Aber auf dem Bahnhofsplatz ist eine Lenin-Statue. Es wirkt so vertraut. Irgendwo müsste hier doch auch ein Panzer sein?!

Aber schon fahren wir wieder, und da sind nur Birken.

Wasja kippt Zedernschnaps nach. Da geht noch einer. »Auf die EehrZheeDee!«

Dann Ausatmen.

Und...

»Die Leute sagen, ich bin verrückt, weil ich fünf Kinder habe und mit keiner der Frauen zusammen bin«, sagte Fjodor. Ich antwortete: »Ja, das würde ich auch sagen.«

»Jetzt verstehe ich dich wieder«, sagt Wasja. Der Klügere kippt ja bekanntlich nach. So macht es Wasja. Es wird allmählich dunkel.

»Ha, jetzt hört mal hin!«, ruft Fjodor den beiden anderen später zu. Er hat mich entlarvt! »Der Agent sagt, dass er es nicht schlimm fände, wenn seine Tochter Lesbe wird! Hört ihr das!«

»Ich verstehe dich einfach nicht«, sagt Wasja, diesmal eher traurig. Dann kippt er nach.

Fjodor schaut auf seine Uhr. »Eine Stunde Verspätung! Das gibt es nicht! Diese EehrZheeDee! Der Laden bricht zusammen!« Wasja und Vera nicken.

Vera trinkt nicht mit, aber sie kann mit den beiden reden wie auf Maloche. Wie wir da so sitzen und trinken und reden, kommt die Schaffnerin rein. Sie ermahnt uns, trinken ist im Zug verboten. Aber Fjodor und Wasja finden etwas ganz anderes wichtig: Sie arbeitet in dieser Schicht alleine, obwohl lange Fahrten normalerweise von zwei Schaffnerinnen bedient werden.

»Ein Skandal!«, sagt Fjodor.

»Die RZD ist schuld«, sagt Wasja. Und kippt nach.

»Jetzt haben wir die Flasche halt schon aufgemacht«, sage ich. Wir trinken.

Ich habe zu Beginn meiner Reise ja begonnen, *Die Reise nach Petuschki* von Wenedikt Jerofejew zu lesen. Ein Klassiker, Alki-Pop aus Zeiten des Agitprop. Hält ewig.

Frei übersetzt etwa so: »Es ist nötig, gerade aufgewacht, sofort irgendetwas zu trinken, aber nein, ich lüge, nicht irgendwas, sondern genau das, was du gestern getrunken hast, und zu trinken ist das mit Pausen so alle vierzig bis fünfundvierzig Minuten, damit du bis zum Abend 250 Gramm mehr getrunken hast, als am Vortag. Dann wird es keine Übelkeit geben, keine Scham, und du selbst wirst so entzückend aussehen, als ob dir schon seit einem halben Jahr niemand die Fresse poliert hätte.«

Wasja kippt nach. »Ich ziehe zu ihr, in den Altai«, sagt er. Nachdenklich, aber bestimmt.

»Was ist so toll an ihr?«, fragt Vera.

Wasja richtet sich auf. Streicht sich durch das stoppelige Haar. »Eine Stunde, höchstens… also nicht mehr als eine Stunde haben wir mit etwas anderem verbracht als…«

Vera sagt: »Sex ist nicht alles.«

»Schreib das alles auf, lieber Agent!«, höre ich irgendwann, schon im Delirium. Fjodor und Wasja gehen rauchen, im Verbindungsteil zweier Waggons, wo es am lautesten rattert. Das Zwischendeck eines Überlandzuges. Vera sagt: »Das wird stinken im Abteil hinterher. Ihr schlaft draußen!«

Jerofejew hat sein größtes Saufproblem in etwa so beschrieben: Vom ersten bis zum fünften Glas wird er immer kraftvoller, aber die Gläser fünf bis neun machen ihn fertig, schicken ihn zu Boden. Dabei ist es doch so leicht! Jahrelang hat sich Saufpoet Jerofejew damit herumgequält, bis er die Lösung erfindet. Die Gläser fünf bis neun sind alle auf einmal zu trinken. Aber nur in Gedanken. In Wahrheit gilt es, sich darauf zu konzentrieren, dass nach dem fünften sofort das zehnte kommt, also die ganze Kunst des Saufens liegt darin, sich selbst davon zu überzeugen, dass das sechste das zehnte ist! Von da an gewinnt der Trinker nur an Kraft, von der sechsten Dosis, also der zehnten, bis zur achtundzwanzigsten, die zweiunddreißigste genannt wird. Das heißt, von da an kräftigt der Schnaps bis zu »dieser Grenze, hinter der nur der Wahnsinn und die Schweinerei folgen und sonst nichts mehr«.

Wir trinken dann noch einen.

Wasja und Fjodor gehen wieder rauchen. Jetzt gehe ich mit. Die Schaffnerin erwischt uns. Sie droht, uns rauszuschmeißen. Ganz im Ernst. »Aber wir sind doch alle Eeehrr-ZhheeDee!«, ruft Wasja ergriffen. »Die können mich alle mal!«, sagt Fjodor. Die Schaffnerin kann nicht mehr.

Später schlurfe ich durch den Zug und erwische die Schaffnerin bei einer Zigarette, am gleichen Ort, im Verbindungsteil zweier Waggons. Ich werfe ihr sehr vieldeutige Blicke zu, so welche wie zwischen der sechsten und der zehnten Dosis. In ihrem Blick liegt keinerlei Schuldeingeständnis.

Zurück im Abteil sehe ich Wasja texten. »In was für einem Land leben wir nur?! Kein Empfang! Schon wieder!« Draußen ist nur die endlose Taiga. Wir trinken dann noch einen: »Auf die Frauen!«

Bald soll der nächste lange Halt kommen. Späti-Time!

»Nee, nee, nee, auf keinen Fall!«, sagt Vera. »Hier ist jetzt schon keine Luft mehr. Ich melde euch der Schaffnerin!« Sie sagt es vollkommen ernst. Die kann uns doch nicht verpfeifen, nachdem wir stundenlang zusammen gezecht haben! Eine Frau, zwei Eisenbahner und ein Spion!

Fjodor legt sich dann hin. Ich weiß nicht, ob er noch mal zählt, wie viele Kinder er hat von wie vielen Frauen.

Wasja geht zu seinem Smartphone und flucht.

»In Petuschki«, schreibt Jerofejew, »verblüht nie der Jasmin und verstummt nie der Vogelgesang...«

## 22. Für immer und er

Ich bin in Russland an so vielen Lenin-Statuen vorbeigefahren, dass ich manchmal eine Hand zum Gruß hebe. Lenin grüßt nie zurück.

So gut wie alle großen russischen Städte haben noch ihren Lenin, manche auch mehrere. Er überblickt gewöhnlich von einem Sockel die Szenerie, oft auf dem wichtigsten Platz der Stadt. Der heißt häufig auch Lenin-Platz, manchmal Platz der Revolution, hin und wieder ganz anders. Aber das macht Lenin nichts aus, der kann das ab. Alles für die Sache und so.

In russischen Dörfern gibt es immer die Kirche und das Weltkriegsdenkmal. In Heldenmut erstarrte Gesichter. In der Peripherie steht der unvermeidliche Panzer. Über die Städte aber wacht Lenin.

In Kasan erzählen sie einen Scherz: Wo ist es kälter, auf dem Platz der Freiheit oder an der Straße des 1. Mai? Auf dem Platz. Dort hat Lenin einen Mantel an. Lenin trägt im Süden Russlands oft ein Jackett und im kalten Osten einen Mantel. In Wladimir, einer alten Zarenstadt, ist er eher klein geraten, vor allem im Vergleich zu den steinernen Monarchen auf der anderen Straßenseite. In den von den Kommunisten heftig umgebauten und industrialisierten Ural-Städten Jekaterinburg und Tscheljabinsk ist er groß und stark. Auch so viele Jahre nach seinem Tod bleibt Lenin vielseitig.

In Ulan-Ude steht der weltgrößte Lenin-Kopf. Es ist jetzt völlig unnötig, sich zu fragen, mit welchen anderen überdimensionalen Lenin-Köpfen er in dieser Klasse konkurriert. Viel interessanter ist, dass Lenin dort, in Ulan-Ude, Hauptstadt Burjatiens, eine deutlich engere Augenpartie hat. In Burjatien ist Lenin eben etwas fernöstlicher.

In der sibirischen Kleinstadt Belogorsk glänzt Lenin golden, woanders silbern, meistens ist er allein, manchmal aber umringt von seinen Nächsten. Man könnte meinen, die Kommunisten hätten alles protokolliert, normiert und gezählt. Aber nein, ein Lenin-Register gab es nie.

Enthusiasten zählen die Statuen und stellen ihre Ergebnisse ins Internet. Etwa 14 000 könnten es weltweit gewesen sein, als die Sowjetunion zerfiel. Um die 8000 sollen noch stehen. Der Rückgang liegt vor allem an der Ukraine, wo Lenin fleißig demontiert wird. Es kommen aber auch stetig neue Statuen, Büsten, Gedenktafeln hinzu. Vor allem in Russland. Lenin – mancherorts erstarkt er.

Zwischenzeitlich sollen bis zu zweihundert Wissenschaftler an seinem Leichnam gearbeitet haben, damit er schön konserviert die Besucher im Mausoleum auf dem Roten Platz in Moskau erfreuen kann. In den vergangenen Jahren wurde berichtet, dass Lenins Leiche immer besser aussehe, weil sich die Methoden zur Konservierung verbessert hätten. Weniger Wissenschaftler erzielen heute bessere Ergebnisse – und er strahlt. Mehr als neunzig Jahre nach seinem Tod entwickelt sich Lenin eben immer noch weiter.

Von einer Mumifizierung könne keine Rede mehr sein,

heißt es unter Experten, es ist etwas anderes: die am besten erhaltene Leiche aller Zeiten. Vielleicht ist es an der Zeit, diesen Prozess Leninisierung zu nennen.

Lenin blickt zumeist ernst und voller Sorge um sein Volk nach vorne, die hohe Denkerstirn strebt voran, er ist gewieft, so voller Tatendrang. Lenin ist Denker und Tatmensch. Lenin ist Gewaltintellektueller.

Ein Vorbild, ein entschiedener Mensch, vollendet in Schein und Sein! Das ist viel für jemanden, der die meiste Zeit seines Lebens mit früher Halbglatze in der neutralen Schweiz ausharren musste.

Lenin ist aber auch ein Kind seiner Zeit. Der Zeit der Ideologien, der Ismen, dieser Zeit, als Menschen andere Menschen millionenfach umbrachten, weil sie einen besseren Menschen schaffen wollten. Es war auch die Zeit der großen Männer, als sich noch ganze Gesellschaften auf einen Götzen einigen konnten, als noch nicht alles fragmentiert war... Lenin, er ist tot, wie Michael Jackson, und wir alle wissen, dass Ronaldo die beiden nie wird ersetzen können.

Heute gibt es jemanden, der das Andenken an Lenins Kind schützt, die Sowjetunion. Viele nennen ihn einen neuen Zaren, den Mann im Kreml. Er ist allerdings ein Zar, der dem Kapitalismus frönt, einem besonders radikalen Kapitalismus, bei dem die Reichen sehr reich werden und die Armen... nun ja. Der kapitalistische Zar also wacht über Lenins Erbe. Lenin hat ja vor allem zwei Dinge gehasst: den Zaren und den Kapitalismus.

Lenin heute... für die Alten ist er die gute alte Zeit. Die Jungen verwechseln ihn manchmal mit einer Comicfigur, hat eine russische Umfrage mal ergeben. Die einen können sich an ihm ergötzen und die anderen ihn ignorieren, er ist mal Europäer und mal Asiate, er ist Vergangenheit und Zukunft.

Lenin sind sie alle, alle können zu ihm aufblicken.

Lenin. Nie schienen seine Ideale weiter weg. Nie war er so egal. Nie war er so wichtig.

## 23. Der Weltraum hat heute geschlossen

Ich muss die Transsibirische Eisenbahn gegen meinen Willen verlassen. In etwa zehn Minuten. An einem kleinen Bahnhof mitten in der Taiga, im fernöstlichen russischen Nirgendwo. Die nächste richtige russische Stadt ist zweihundert Kilometer entfernt. Das darf doch nicht wahr sein!

Ich frage kundige Mitreisende, ob es an diesem Bahnhof ein Hotel gebe, einen Supermarkt, ein Büdchen oder irgendwelche anderen zivilisatorischen Errungenschaften, die mir das Überleben ermöglichen könnten. Die kundigen Mitreisenden verziehen ihre Gesichter, schütteln ihre Köpfe. Fehlt nur noch, dass mir jemand kameradschaftlich an die Schulter fasst. Das kann doch wirklich alles nicht wahr sein!

Diese Sache habe ich mir selbst eingebrockt. Meine Idee war, in der Kleinstadt Ziolkowski vorbeizuschauen. Dort entsteht das »Kosmodrom Wostochnyj«, das mal den Weltraumbahnhof Baikonur ersetzen und das Zentrum der russischen Raumfahrt bilden soll. Es war klar, dass ich keinen Zutritt zur Anlage selbst erhalten würde. Aber mich interessiert eigentlich auch mehr, wie es Menschen ergeht, die ihr Leben lang am Ende der Welt gelebt haben und nun über Nacht eine der modernsten Anlagen des Planeten zur Beförderung von Raumschiffen ins All vor die Nase gesetzt bekommen. Deshalb geht mein Ticket nur bis hierher. Bis ins Nichts.

Die Idee mit Ziolkowski kam mir spontan an einem Ticketschalter. Das Einlesen ins Thema Weltraumbahnhof habe ich mir für die Zeit im Zug aufgespart, dafür extra Texte rausgesucht und ausgedruckt. Keine gute Idee. Denn wie ich da liege und lese, während draußen die Taiga mit ihrer birkenhaften Monotonie sich selbst zu übertreffen sucht, entdecke ich, dass Ziolkowski eine geschlossene Stadt ist: Niemand kommt rein oder raus, der nicht dort arbeitet oder eine Sondergenehmigung hat. Punkt. Aus. Um die Stadt herum gibt es nichts außer weitem Land, sagen Texte und Mitreisende. Wie konnte ich nur so blöd sein?

In meiner Verzweiflung laufe ich durch viele Waggons zum Oberschaffner, der sich erst vor einer halben Stunde zum letzten Mal geweigert hat, mir zu helfen. Der Oberschaffner sitzt mit einer Tasse dampfenden Tee vor sich in seinem Oberschaffner-Abteil in seiner Oberschaffner-Pose, hat eine Glatze, ein rundliches Gesicht und dunkle Flecken auf seinen Wangen. Er bekommt sofort schlechte Laune, als er mich sieht. »Ich habe Ihnen doch gesagt: Wenn Ihr Ticket am nächsten Bahnhof endet, müssen Sie dort aussteigen. Es ist doch recht verständlich, oder?«

Ich versuche, möglichst wenig gereizt zu klingen. »Ja. Aber ich habe einen Fehler gemacht. Wo soll ich denn hin so mitten am Arsch der Welt?« Okay, das mit dem wenig gereizt sein hat nicht gut geklappt.

»Wenn Sie jetzt auch noch ausfällig werden...«, setzt er an.

»Tut mir leid.«

»Wie ich Ihnen bereits gesagt habe: Sie können versuchen schnell am Ticketschalter ein neues Ticket zu kaufen und wieder einzusteigen, so lange wir halten.«

»Aber wir halten nur zwei Minuten«, entgegne ich. »Sie haben vorhin selbst gesagt, dass es in dieser Zeit nicht möglich ist, ein neues Ticket zu kaufen.«

»Das stimmt. Und es gibt auch sowieso keine Tickets. Wir sind ausgebucht.«

»Aber wieso erwähnen Sie das alles dann überhaupt?«

»Jetzt werden Sie wieder unverschämt«, sagt er, macht eine kleine Pause und fügt hinzu. »Gehen Sie jetzt!«

Nun versuche ich mich zu sammeln. Das Gefecht scheint verloren, es bleiben wenige Minuten bis zum Halt, und ich entscheide mich gegen die Regeln des Spiels.

»Gibt es da vielleicht etwas, das wir beide aushandeln könnten? Wir können doch sicher vereinbaren...«

Der Oberschaffner schiebt seinen Tee zur Seite. Er steht auf, schaut mir tief in die Augen und sagt: »Raus!« Er schreit es nicht, sondern flüstert fast. Ich gebe mich geschlagen.

Eine Minute später stehe ich mit meiner Tasche an einem Bahnhofshäuschen. Anzahl der Menschen außer mir: null.

Ich laufe um das Bahnhofsgebäude herum, das zur Hälfte von einem Baugerüst umgeben ist. Drinnen sehe ich einen Ticketschalter, er ist nicht besetzt.

Vom Bahnhof führt eine unbefestigte Straße in den Wald. Es ist warm, Mücken schwirren um mich herum, und es wird bestimmt noch zwei oder drei Stunden hell sein. Jetzt ärgere ich mich, dass ich den Oberschaffner nicht nach der genauen nächsten Verbindung gefragt habe, statt mich mit ihm zu streiten. Er hat irgendwann erwähnt, dass am nächsten Tag wieder ein Zug fahre. Das hatte sich für mich zu fern angehört, um darauf einzugehen. Jetzt würde ich schon gerne wissen, wann genau er fährt. Genauso, wie ich gerne wissen würde, wo Ziolkowski liegt. Der Ort soll einige Kilometer entfernt sein. Dort könnte ich ja zumindest den Zaun anstarren, der die geschlossene Stadt umgibt. Vielleicht würde sich dann jemand meiner erbarmen und mich hineinschmuggeln.

Ich setze mich auf eine Bank, die noch in Plastikfolie eingewickelt ist. Hier ist wirklich alles noch im Aufbau.

Zunächst einmal befehle ich mir etwas Nachsicht mit mir selbst. Natürlich ist diese Situation bescheuert, und ich bin es auch, denn niemand sonst ist gerade verantwortlich. Aber es ist der erste grobe Schnitzer, den ich mir bei der Reiseplanung in Russland leiste. Zu diesem Zeitpunkt bin ich etwa fünfzig Tage unterwegs. Diese Quote ist doch ganz okay.

Es ist seltsam, dass ich nicht gleich daran gedacht habe, dass Ziolkowski eine geschlossene Stadt sein könnte. Wahrscheinlich ist dieses Konzept für mich einfach zu sehr mit der Sowjetunion verbunden. Meine Heimatstadt Tscheljabinsk war lange Zeit nicht für Auswärtige geöffnet. Kleinere Städte im Ural, in denen kriegswichtige Forschung betrieben wird, sind es bis heute. In manchen solchen Städten hat es Volksabstimmungen über ihren Status gegeben. Die Menschen haben oft für den Zaun votiert. Sie wollen weiterhin eine irgendwie utopische Gemeinschaft, in der es keine Fremden gibt, keine Kriminalität, in der die Zeit angehalten scheint. Sie dürfen raus, aber niemand rein.

Im heutigen Russland ist eine neue geschlossene Stadt die große Ausnahme. Schön zu wissen, dass ich diese Ausnahme entdeckt habe.

Ich stehe auf und laufe die Straße in den Wald hinein. Ich laufe an einigen Häusern vorbei, die alle verschlossen wirken, unbewohnt oder zumindest momentan herrenlos. So laufe ich noch einige Minuten geradeaus – bis sich von hinten ein Auto nähert. Ich winke. Das Auto hält.

Ljudmila ist um die vierzig und arbeitet in Ziolkowski. Eine Ingenieurin. Meine Rettung. Sie lächelt freundlich. »Klar, ich fahre dich, steig ein.«

So fahren wir. Nur, wohin genau?

»Der Zaun um Ziolkowski ist noch nicht fertig. Dort gibt es ein Hotel, das steht am Zaun, da dürfen auch Auswärtige hin.«

So einfach ist also die Lösung. Da hatte ich mich doch schon mit dem Oberschaffner angelegt, und jetzt... Ljudmila setzt mich nach nicht allzu langer Fahrt vor diesem Hotel ab.

Die Szenerie ist kontrastreich und gelegenheitsarm. Das Hotel steht wirklich direkt am etwa fünf Meter hohen Zaun und sieht aus wie eine Reiseherberge. Überall stehen Bagger, unweit ist eine neu asphaltierte Hauptstraße zu sehen – gleichzeitig stehen noch einige alte Bauernhäuser windschief hinter dem Zaun. Dazu die fünfstöckigen sowjetischen Nachkriegsbauten, benannt nach Stalins Nachfolger Chruschtschow. Ich kann ein bisschen nach Ziolkowski reinlinsen, an der Zufahrt, wo Sicherheitsleute an einer Schranke die Ankommenden kontrollieren. Reingehen kann ich nicht.

Das Kosmodrom Wostochnyj ist ein russisches Leuchtturmprojekt. Er wird im Verwaltungsbezirk Amur gebaut, was einer Region Aufschub bringen soll, die sonst eher für den mächtigen Fluss gleichen Namens bekannt ist und den dort heimischen Amur-Tiger. Das Mantra dieser Region lautet: »Moskau ist weit.« Nah ist dafür die chinesische Grenze. Es ist schon ein wahnsinniges Wagnis, den Weltraumbahnhof in dieser Gegend hochzuziehen.

Ich checke im Hotel ein und esse im Hotelrestaurant. Ich bin alleine dort, außer mir sind nur zwei häufig kichernde Kellnerinnen in dem Flachbau. Sie sagen nicht viel, eigentlich nur, dass ich mich beeilen müsse, sie würden bald schließen.

Es wäre schon interessant, wenn meine ursprüngliche Idee umsetzbar wäre. Mit den Menschen hinter dem Zaun zu reden, die wahrscheinlich über lange Zeit nie mehr als eine Handvoll Autos auf einmal gesehen haben. Und plötzlich rückt eine ganze Armee aus Baggern, Bulldozern und Kränen an, um hier etwas zu errichten, das Raumschiffe zu neuen Welten bringen soll. Aber mir bleibt jetzt nichts anderes, als schlafen zu gehen. Das denke ich – und kann es doch nicht.

Ich streife dann um das Hotel, laufe zur Straße zurück, bewege mich in dem kleinen Bereich, der mir hier offensteht. Es ist bereits dunkel. Nur an der Schranke ist noch hin und wieder was los, jemand kommt an, ein Auto fährt weg, ansonsten versinkt die Stadt des Weltraumbahnhofs bereits im Schlaf. Ich laufe um das Hotel herum, dort befindet sich eine kleine Bude mit unklarem Zweck, ich umrunde auch sie – und sehe einen Weg. Ich gehe dorthin, laufe, und ohne es richtig zu kapieren, gehe ich diesen Weg entlang, der durch ein Loch im Zaun nach Ziolkowski führt. Der Russe sucht doch immer das Loch im Zaun, hat mein Cousin Dima in Moskau gesagt, nachdem wir nachts ins Armeemuseum geklettert sind. Er hat ja so recht.

Ich sehe einige halbdunkle Straßen, weiter hinten einen Laden. Einige Wohnhäuser. Kaum Autos. Weiter hinten die grellen Leuchter an der Schranke, davor die Sicherheitsleute. Sie schauen nicht in meine Richtung.

Es ist nicht so, dass ich etwas anderes erwartet hätte, aber in Ziolkowski wirkt alles schon sehr aufgeräumt. Ich bin nicht über den Zaun geklettert, trotzdem ist mir klar, dass ich nicht hier sein darf. So nehme ich mir vor, eine Minute zu warten, ob jemand kommt. Ich stehe und warte, ich höre Grillen zirpen und von irgendwoher einen startenden Motor. Mein Plan, mit den Menschen hier zu sprechen, wird nicht aufgehen. Aber da ich noch vor zwei Stunden geglaubt hatte, im Wald übernachten zu müssen, ist ein kurzer Moment in der geschlossenen Stadt doch gar nicht übel. Mein ganz kleiner Flug ins All. Ich gehe dann den gleichen Weg zurück. Ins Hotel.

Am nächsten Tag erwische ich den Zug in Richtung Wladiwostok. Es ist meine letzte Etappe. Der Pazifik rückt näher.

Irgendwo steigt Roman ein. Kaum sitzt dieser Berg von einem Kerl in meinem Abteil, hat er sich mir auch schon als Roman vorgestellt und eine offene Dose Bier in seinen Händen. Und schon erzählt er, ungefragt: »Die fliegen in den Weltraum, diese Penner, und wir müssen es hier auf der Erde ausbaden. Warum bauen die das Ding hierher? Die sollen mit ihrem ganzen Zeug in Moskau bleiben. Wir wären alleine besser dran.«

Roman hat selbst gemachte Tattoos auf den Rückseiten seiner Finger. Er drückt die leere Bierdose zusammen. Er sieht, wie ich seine Hände anschaue. »Nein, ich war nicht im Knast. Ich bin nur ein Typ, der sich auf Baustellen durchschlägt.«

Roman guckt aus dem Zugfenster, wo das weite Nichts herrscht. Wir reden etwas, also meistens er. Seit fünf Monaten war Roman nicht zu Hause, bei seiner Frau und den zwei Kindern. »Ich weiß nicht mal mehr, ob ich mich noch darauf freue.«

Irgendwann kramt er ein neues Bier hervor und sagt: »Wir leben hier nicht. Wir überleben.« Roman erklärt, dass er politisch zu Wladimir Schirinowski hält, einem Volkstribun, der die Grenzen der UdSSR wiederhaben will und live im Fernsehen Liberalen eins auf die Nase haut. Ein russischer Trump auf Steroiden. »Der sagt wenigstens die Wahrheit«, erklärt Roman mit trotziger Stimme und glasigen Augen. Dann greift er in die Tasche, doch da ist nichts mehr. »Hast du noch was für ein Bier?«

## 24. Russische Freiheit

Der Zug rollt aus. Endhaltestelle. In Wladiwostok hält die Transsibirische Eisenbahn final.

Eine Säule markiert den Punkt, von dem aus es wieder zurückgeht Richtung Moskau und Europa. Auf der Säule thront der Doppeladler mit Brustschild – das russische Wappen. Weiter unten ist die Zahl 9288 eingraviert, so lang ist die Strecke. Ich bin die Transsib nicht durchgehend gefahren, aber es passt schon ganz gut, dass auch meine Reise hier zu Ende geht. Den Rückweg werde ich fliegend überwinden.

Vielleicht bin ich schon zu lange unterwegs, knapp zwei Monate – denn die Fehler häufen sich. In Wladiwostok passiert mir zwar nicht das Gleiche wie kürzlich am fernöstlichen Weltraumbahnhof, aber wegen einer Unaufmerksamkeit bei der Buchung lande ich in einem etwa sieben Quadratmeter großen Hotelzimmer, in dem außer mir noch ein weiterer Gast wohnt. Er ist aus China, trägt einen militärischen Topfhaarschnitt und eine randlose Brille. Wir begrüßen uns und stellen dann schnell fest, dass wir in keiner Sprache der Welt miteinander kommunizieren können. Mein Mandarin ist nicht vorhanden, sein Englisch nach einer Handvoll Vokabeln erschöpft. »Hello.« »China.« »Good.« Ich gehe dann doch lieber die Stadt erkunden.

Zum Glück komme ich spontan auf die Idee, mir ein Fahrrad zu leihen, denn sonst wäre mein angepeilter Aussichtspunkt gar nicht zu erreichen gewesen. Deutlich verschwitzt komme ich zur imposanten Brücke über das Goldene Horn. Ja, die Hafenbucht von Wladiwostok heißt genauso wie jene berühmte Bucht in der Türkei. Wer lang genug nach Osten fährt, kommt im Westen wieder heraus.

Am Brückenanfang sitzt in einem Häuschen ein Wachmann. Ob Schule, Supermarkt oder sogar eine Brücke: Russland wird bewacht. Ich kann mich nach wie vor schwer daran gewöhnen.

Zu Fuß dürfe niemand über die Brücke, erklärt der Wachmann. Ich zeige mein Fahrrad. Er sagt: »Ja, das gilt heutzutage ja als Verkehrsmittel bei manchen. Ist gut, kannst durch.« Ich frage ihn noch, warum Fußgänger nicht drüber dürfen. Er sagt nichts, sondern krümmt nur leicht seine rechte Handfläche und deutet damit einen Sprung in die Tiefe an.

Ohne suizidale Gedanken und mit Wachmanns Segen fahre ich zur Mitte der Brücke, die den Östlichen Bosporus überspannt. Wladiwostok ist auf Hügeln gebaut, ein waberndes Häusermeer mit kleinen grünen Einsprengseln, zu allen Seiten erstreckt sich der Pazifik. Was für ein Panorama.

Zu Sowjetzeiten war die Stadt für Ausländer geschlossen und genauer betrachtet eher ein Militärstützpunkt mit angeschlossenen Wohnbezirken. Für den asiatisch-pazifischen Wirtschaftsgipfel 2012 wurde sie neu erfunden. Als wichtigste russische Stadt am Pazifik soll Wladiwostok auch nach außen strahlen. Städte am Rand des Landes profitieren. Ich muss wieder an Omsk denken, an das Viertel ohne Straßen, an diese Stadt am inneren Rand Russlands. Vor der Geografie gibt es kein Entkommen.

Als prägnanteste Bauwerke dienen dem neuen Wladiwostok zwei Brücken. Neben der unter meinen Füßen gibt es noch die Schrägseilbrücke zur Insel Russki. Sie weist die weltweit größte Stützweite auf, also den Abstand zwischen zwei Punkten, die das gesamte Konstrukt halten. In Wladiwostok werden noch Rekorde gebrochen. Da sollen Selbstmörder nicht die Aussicht versauen. Obwohl die Regel natürlich herrlich inkonsequent ist, denn was würde mich daran hindern, auf einem Fahrrad angeradelt zu kommen und dann zu springen?

Ich bleibe aber lieber am Leben und fahre ins Stadtzentrum. Dort schiebe ich mein Rad durch Straßen mit alten Kaufmannshäusern, die mich stellenweise an Amsterdam erinnern. Als ich an einem Burgerladen vorbeigehe, fragt mich eine Kellnerin im Cowboyhut: »Howdy, Sir, hätten Sie gerne einen Burger?« Die Frage kommt auf Russisch, aber das »Howdy, Sir« auf Englisch. Ich starre sie an. »Haben Sie das gerade echt gesagt?« Sie antwortet: »Ja, habe ich. Also willst du jetzt einen Burger oder nicht?«

Ein steter Menschenstrom zieht zur Promenade, wo gerade ein kostenfreies Musikfestival läuft. Es spielen japanische Punkrocker und dann ein Typ an der Gitarre aus Australien. Willkommen auf der anderen Seite der Welt. Zwischen den beiden Bands kommt auf der Videoleinwand ein Einspieler mit dem Text: »All die vielen neuen Parks und Spielplätze scheinen uns heute selbstverständlich, aber sie wurden erst in den vergangenen Jahren gebaut. Unsere Stadt ist besser geworden. Werde auch du besser!«

Zurück im Hotel, finde ich meinen chinesischen Mitbewohner auf seinem Bett liegend vor dem Fernseher. Es laufen die Olympischen Spiele, und dort das Finale der Frauen im Volleyball. China gegen Serbien. Ich lege mich auf mein Bett, was in diesem Kleiderkammer-Zimmer bedeutet, dass der Chinese und ich praktisch nebeneinanderliegen. Auf dem Bildschirm springen, blocken und schmettern die Spielerinnen mit ästhetischer Wucht. Die Serbinnen tragen alle geflochtene Zöpfe. Die Chinesinnen wirken dafür härter und konzentrierter. Mein Zimmernachbar macht bei Punkten seines Landes die Becker-Faust, geht emotional mit und legt vor lauter Aufregung irgendwann gar seine Brille ab. Mir fällt es leicht, mich für kurze Zeit mit dem serbischen Brudervolk zu solidarisieren, beim Sport gelingt mir das ganz gut, sodass eine gespannte Wettbewerbsatmosphäre den viel zu kleinen Raum füllt.

Den Serbinnen gelingen im letzten Satz mehrere Punkte in Folge, China wirkt angezählt. Das abgekämpfte Gesicht einer chinesischen Zentrumsspielerin kommt ins Bild. Sie überragt alle Riesenfrauen noch mal um einen Kopf, ihre Ellbogen und Knie sind bandagiert, eigentlich scheint sie sowieso nur noch von Bandagen zusammengehalten zu werden. Dann macht sie einen Punkt. Und noch einen. Serbien wackelt. Mein Mitbewohner setzt sich auf den Bettrand. Ich tue es ihm gleich. China macht Punkt um Punkt. China gewinnt.

Wir müssen dann beide lachen und klatschen sogar ab. Hätten wir wohl beide nicht gedacht, dass wir so ein gemeinsames Erlebnis hinbekommen. Danach checke ich aus. Das Volleyball-Finale im Sieben-Quadratmeter-Zimmer ist der Höhepunkt meiner wunderbaren Verbindung zum Chinesen gewesen. Das spüre ich deutlich. Von dort hätte es nur noch bergab gehen können.

Mich zieht es stattdessen den Berg hinauf, vielleicht eher einen Hügel, einen von vielen in Wladiwostok. Ich miete etwas abseits des Stadtzentrums eine private Unterkunft. Die Vermieterin heißt Sonja, ist siebenunddreißig und fragt mich beim Small Talk, was ich noch vorhätte in der Stadt. »Ich will auf die Insel Russki«, sage ich. »Ich auch«, sagt sie. »Zum Strand.« Ich frage: »Dort gibt es einen Strand?« Sie sagt: »Und was für einen! Willst du mit?«

Auf dem Weg redet Sonja. Sie gibt Gas und redet. Sonja arbeitet als wissenschaftliche Assistentin an der Universität, deren neue Gebäude auch auf der Insel Russki liegen, die der Stadt vorgelagert ist. Wir fahren zur Brücke, dem neuen Wahrzeichen der Stadt, und Sonja fragt: »Stimmt es, dass im Westen geschrieben wurde, diese Brücke wäre ein Beispiel für unnütze Ausgaben in Russland?« Ich habe so etwas mehrfach gelesen und bejahe ihre Frage. Sie sagt: »Der Westen gönnt uns einfach nichts. Das ist wie mit den Bergen. Die Österreicher haben die ganzen Alpen untertunnelt, aufgebohrt, ausgeweidet, was weiß ich. Aber als wir in Sotschi ein paar Lifte gebaut haben, wurde sofort lange wegen der Eingriffe in die Natur geweint.«

Als wir die Zufahrt zur Russki-Brücke nehmen, ist dort an einer Betonmauer ein riesiges Graffiti zu sehen: Es zeigt die Umrisse der Krim, schraffiert im Weiß-Blau-Rot der russischen Trikolore, darüber der Spruch: *Ostrov – Russkij.*

*Krim – Rossijskij.* Die Insel ist russisch, die Krim russländisch, heißt das frei übersetzt. Ein vages Wortspiel mit klarer politischer Botschaft. So weit draußen im Osten denken sie immer noch an den kleinen Zankapfel am anderen Ende Russlands. Wir fahren dann auf die Brücke.

Es ist leichter zu verstehen, warum Menschen die Kritik an teuren Bauwerken wie diesem für kleingeistig halten, wenn die Aussicht einem die Sinne vernebelt. Ich weiß auch nicht, ob eine solch gewaltige Brücke für eine schwach bebaute Insel vor der russischen Küste irgendwie zu rechtfertigen ist. Aber ein Blick hoch zu den über dreihundert Meter hohen Pfeilern lässt mich nicken. Die Fenster sind offen, der Wind schießt hinein. Zur einen Seite ist in der Ferne die Stadt zu sehen, deren Silhouette immer weichere Züge bekommt und gewinnt, je weiter ich mich von ihr entferne. Auf der anderen Seite ist da nur das Wasser des größten Ozeans der Welt. Ich schaue zu Sonja, die mir sehr selbstgewiss zunickt, als wolle sie sagen: Siehste, Bursche, so wird's in Russland gemacht.

Sonja holt dann ihr Handy raus, setzt einen Schmollmund auf und schießt ein Selfie. Sie postet es direkt, auf Instagram. »Ein neues Hobby von mir«, sagt sie, während ihr Hemd Windstoß auf Windstoß flattert.

»Ich habe auch mal in Japan gearbeitet, fast fünf Jahre lang«, erzählt Sonja, als wir schon auf der Insel über die breiten, neuen und fast leeren Straßen dahingleiten. Wir fahren an Studentenwohnheimen vorbei, die direkt über dramatischen Klippen liegen und ein Meeresblick-Panorama bieten. »Aber ich habe es irgendwann nicht mehr ausgehalten. Mir hat die Freiheit gefehlt.« Ich frage ungläubig: »Du bist der

Freiheit wegen zurück nach Russland?« Sie antwortet: »Für dich hört sich das vielleicht komisch an. Aber in Russland kann am Ende jeder machen, was er will. Wenn du schnell ein Business hochziehen willst, kannst du das an den Regeln vorbei machen. Wenn du es bezahlen kannst, machst du Party. Hier gibt es nicht so ein Korsett aus Regeln und Fremdbestimmung wie im Westen.«

Kurz darauf fahren wir auf einen Parkplatz. Der ist eigentlich kostenlos, aber an der Zufahrt stehen Studenten und sammeln Spenden. Sonja reicht bereitwillig einige Scheine rüber und erklärt: »Die machen dafür den Strand und den angrenzenden Wald sauber. Super Sache.« Ich frage sie: »Manche nutzen all die ganze russische Freiheit hier wohl dazu, ihren Müll einfach in den Wald zu kippen.« Sie muss schmunzeln. »Ja. Irgendwas ist immer.«

Der Strand auf der Insel Russki ist wuchtig und schön. Direkt an schroffen Felswänden gelegen, ist er mal steinig und mal sandig – aber der Sand ist schwarz. Später lese ich nach, dass es so etwas auch auf Hawaii und Neuseeland gibt. Die Körner sind nicht sehr fein, aber funkelnd, und eben schwarz. Ich gehe schwimmen. Sonja macht Instagram-Selfies.

Später bringt mich Sonja wieder in die Stadt. Ich wandere auf einen der Hügel, um mir das Panorama bei Nacht anzusehen. Neben vielen funkelnden kleinen Lichtern stechen die beiden Brücken hervor – sowie die vielen Gebäude, deren Kanten mit Leuchtdioden überzogen wurden, weshalb sie aussehen wie riesige Vierecke mit leuchtenden Außenkanten. Die meisten dieser Gebäude sind tagsüber graue Plattenbauten, aber nachts strahlt Wladiwostok wie Hongkong. Es ist absurd, aber die Stadt wirkt nur bei Nacht so weltgewandt. Sie täuscht den Betrachter und ist gleichzeitig wirklich imposant. Zumindest bei Nacht kleidet sich die Stadt wie jemand, der sie erst noch werden will.

An meinem letzten Tag vor der Abreise mache ich noch eine Radtour. Um genau zu sein, will ich eine Radtour machen, aber Regen hält mich auf. Es schüttet stundenlang, ich werde komplett nass und bin froh, als ich wieder in der Wohnung bin. So froh und so erleichtert bin ich, dass ich meine Klamotten ausziehe und sie sofort in die Waschmaschine schmeiße, damit sie zumindest etwas trocken werden vor dem morgigen Abflug.

Mit einer kalten Dose Bier in meinen Händen stehe ich dann auf dem Balkon, denke über Russland und das Leben nach, strecke meine Arme aus, atme frei ... und spurte ins Bad. Waschmaschine. Aus. Schnell. Gibt's nicht. Mein Reisepass. Er war in meiner Hose. Ich ziehe den Stecker. Die Luke ist verriegelt. Nach etwa einer Minute habe ich meine Hose wieder. Der Reisepass. Er fällt mir in mehreren Teilen aus den Händen. Wie aufgeweichte Papiertaschentücher klatschen die Seiten auf den Boden. Ich bin wirklich schon zu lange unterwegs ...

Meine letzte Nacht in Russland verbringe ich dann damit, jede Seite einzeln zu föhnen. Anschließend klebe ich die Seiten mit Klebeband wieder zu etwas, das vage an einen Reisepass erinnert. Ich denke lieber nicht daran, was am Flughafen passiert, wenn ich nicht durchgelassen werde. Ohnehin sollte die Kontrolle erst bei meinem Umstieg in Moskau erfolgen. Bei innerrussischen Flügen wird der Pass nicht überprüft.

Nach einem langen Tag im Flugzeug stehe ich in Moskau an der Passkontrolle. Der Grenzer in seiner Grenzermütze nimmt meinen Reisepass mit spitzen Fingern, als würde er ansteckende Krankheiten befürchten. »Der war in der Waschmaschine«, erkläre ich. Der Grenzer tippt lange in seinem Computer herum. Dann betrachtet er mit einer speziellen Lupe die mit Foto versehene Seite. Er macht es sehr ausführlich und reicht mir anschließend das zusammengeklebte Etwas. »Nach Russland hinein hätte ich Sie damit nicht gelassen. Aber raus können Sie. Einen schönen Tag.«

## 25. Zurück auf dem Sofa

Was einmal eine lange Reise gewesen ist, von der Krim über Moskau nach Tscheljabinsk, durch Sibirien und bis an den Pazifik, setzt sich auf einem Sofa im Ruhrgebiet fort. Bei meinen Eltern: Margherita und Sergej.

Der Fernseher läuft. Der russische Nachrichtensender »Rossija 24« sendet Bilder aus dem ostukrainischen Krisengebiet Donbass. Ein glatzköpfiger Zivilist erzählt, dass der Beschuss der Wohngebiete durch Kiews Regierungstruppen zuletzt wieder zugenommen habe. Dazu gibt es Bilder zerstörter Häuser, abgekämpfter Kämpfer, spielender Kinder. Dann kommt Werbung. Und nach der Werbung das Gleiche wie vor der Werbung. »Die neuesten Entwicklungen gleich bei uns! Bleiben Sie dran!«

Mein Vater schwenkt missmutig seinen Kopf. »Ich hätte nie gedacht, dass die Welt einmal wieder kurz vor dem Dritten Weltkrieg stehen würde. Aber heute ist es so weit. Das ist schlimmer als die Kubakrise.«

»Papa, du übertreibst«, sage ich, »die Staatschefs sind doch nicht verrückt.« Als Nächstes kommt in den Nachrichten US-Präsident Trump ins Bild. Da muss ich selbst kurz an meinen Worten zweifeln. Doch das russische Fernsehen lässt keinen Raum für Reflexionen – mit Schnappatmung geht es zurück in die Ukraine.

Als mein Vater dann wieder davon beginnt, dass die Russen in der Ukraine dafür umgebracht werden sollen, dass sie eben Russen sind und Russisch sprechen, sage ich: »Papa, fahr doch mal dorthin. Guck dir das an. In Kiew reden die meisten Menschen im Alltag problemlos Russisch. Und auf der Krim habe ich einen Mann in traditioneller ukrainischer Tracht gesehen, da hatte keiner was dagegen. Es gibt dort nicht so viel Hass, wie es die Glotze alle glauben machen will. Fahr mal dorthin!«

Mein Vater schüttelt wieder seinen Kopf, diesmal noch deutlicher und missmutiger. »Ich muss nicht dorthin fahren. Aus der Distanz sehe ich die Dinge objektiver. Du warst ja jetzt auch lange in Russland. Und hast deine Ansichten nicht geändert, nach allem, was du erzählt hast.«

Meine Mutter kommt ins Wohnzimmer, hört uns kurz zu und sagt: »Redet ihr schon wieder über die Ukraine? Ich kann diese ganzen Debatten nicht mehr ab! Hört auf!« Sie stürmt aus dem Raum.

Ich sage erst einmal nichts und denke nach. Sowieso lasse ich diese Reise lange sacken. Die Suche nach dem anderen Russland, nach dem Russland meines Vaters, sie hat mir vieles offenbart, aber keine fertigen Antworten.

Ich habe ein Russland gesehen, das sich optisch so sehr am Westen orientiert, wie es ihn offiziell ablehnt. Mitten in Wladiwostok mit einem »Howdy, Sir« einen Burger angeboten zu bekommen, das sitzt bei mir immer noch tief. Selbst meine Heimatstadt Tscheljabinsk eifert mit einer autofreien Fußgängerzone und westlich anmutenden Läden dem politischen Feind nach. Am Ende wollen alle aussehen wie die Mädchen aus Pariser Modemagazinen. Die Russen vielleicht noch mehr als andere.

Ich habe ein Land gesehen, das in der Bewunderung seiner eigenen Vergangenheit in einen neuen Militarismus hineinschlittert. Die Straßen sind noch voll von den Symbolen vergangener Größe, von Lenin-Statuen, Panzerdenkmälern und Stein gewordenen gesellschaftlichen Utopien, da werden sie zusätzlich mit immer neuen Postern und Bannern zugehängt, die an diese ohnehin allzu sichtbaren Zeiten erinnern. Die Überhöhung der eigenen Vergangenheit ist von einem Heilmittel längst zum Gift geworden, aber die dominante Antwort darauf scheint zu sein, die Dosis zu erhöhen.

Ich habe auch ein Land gesehen, in dem die Menschen neue Antworten jenseits dieser Welt suchen, in orthodoxen Kirchen, buddhistischen Klöstern, in abgeschiedenen New-Age-Kommunen. Sogar dort sind die meisten Menschen aber patriotisch eingestellt. Der Geist des Nationalen hat alles durchdrungen, und er dringt weiter vor.

In dem Land, das ich gesehen habe, gibt es Freiheit, nur ist sie andersgeartet als ihre westliche Schwester. Es ist keine Freiheit, die der Staat ermöglicht, sondern eine Freiheit vom Staat. Innerhalb der Gesellschaft ist es manchmal eine asoziale Freiheit, sich mit spitzen Ellbogen gegen andere durchzusetzen oder seinen Müll auf Kosten der anderen einfach in die Natur zu kippen. Aber diese andere, diese russische Freiheit, sie ist real.

Ich habe ein Russland gesehen, bei dem die Menschen im persönlichen Umgang oft mindestens so herzlich und hilfsbereit sind, wie das Klischee es will. Die große Gemeinschaft, also die Gesellschaft an sich, wird als feindliches Terrain angesehen. Aber im Privaten haben sehr viele Menschen das Herz am rechten Fleck.

Doch ich habe auch ein Land gesehen, dessen Regionen sehr verschieden sind. Vor allem ganz im Westen und ganz im Osten, an den Rändern, ist Russland schön, effizient, modern. Das gilt auch für spezielle Gebiete in der Landesmitte wie Kasan, Jekaterinburg oder Nowosibirsk, die von Bodenschätzen profitieren oder davon, das Zentrum der Region zu sein. Arm dran sind dagegen Gebiete an den inneren Rändern Russlands.

Ich habe ein Land gesehen, das mit seinen schieren Ausmaßen alle üblichen Denkformate sprengt. Das sollte keine Rechtfertigung dafür sein, andere geringzuschätzen. Aber diese Weite schlägt sich in der Politik nieder.

Es stimmt schon, dass ich meine Ansichten nicht geändert habe. Aber ich kann die russische Sicht auf die Welt zumindest besser nachvollziehen.

Dann kommt meine Mutter ins Wohnzimmer zurück. Sie strahlt. Und erzählt, dass ihr die Tochter einer guten Freundin eine zweiwöchige Reise auf die Krim finanziert. Mit allem Drum und Dran. Einfach so, aus Nettigkeit. »Siehst du, wie großzügig die Menschen in Russland sind!«, sagt meine Mutter. »Schreib bloß gut über die Russen!«

Sollte diese Publikation Links auf Webseiten Dritter enthalten,
so übernehmen wir für deren Inhalte keine Haftung,
da wir uns diese nicht zu eigen machen, sondern lediglich auf
deren Stand zum Zeitpunkt der Erstveröffentlichung verweisen.

*Er zog hinaus in die deutsche Steppe* und *Kriegsgeheimnis:*
© Sergej Afanasjew
Mit freundlicher Genehmigung

Die Übersetzung der Erzählungen von Sergej Afanasjew
besorgte Sabine Baumann.

Dieses Buch ist auch als E-Book erhältlich.

Verlagsgruppe Random House FSC® N001967

1. Auflage
Copyright © 2018 by btb Verlag
in der Verlagsgruppe Random House GmbH,
Neumarkter Straße 28, 81673 München
Covergestaltung: semper smile, München
Covermotiv: © Shutterstock/Oleg Troino
Satz: Uhl + Massopust, Aalen
Druck und Einband: CPI books GmbH, Leck
Printed in Germany
ISBN 978-3-442-75751-0

www.btb-verlag.de
www.facebook.com/btbverlag